Living for the value

为价值而生

决策者财务新思维

黄旭斌◎著

中国经济出版社
CHINA ECONOMIC PUBLISHING HOUSE
北 京

图书在版编目（CIP）数据

为价值而生：决策者财务新思维 / 黄旭斌著.
-- 北京：中国经济出版社，2023.4
ISBN 978-7-5136-7138-5

Ⅰ. ①为… Ⅱ. ①黄… Ⅲ. ①财务管理 Ⅳ.
① F275

中国版本图书馆 CIP 数据核字（2022）第 197548 号

策划编辑　赵静宜
责任编辑　王骏雄
责任印制　马小宾
封面设计　久品轩

出版发行　中国经济出版社
印 刷 者　北京力信诚印刷有限公司
经 销 者　各地新华书店
开　　本　880mm × 1230mm　1/32
印　　张　7.375
字　　数　122 千字
版　　次　2023 年 4 月第 1 版
印　　次　2023 年 4 月第 1 次
定　　价　98.00 元
广告经营许可证　京西工商广字第 8179 号

中国经济出版社　网址 www. economyph. com　社址 北京市东城区安定门外大街 58 号　邮编 100011
本版图书如存在印装质量问题，请与本社销售中心联系调换（联系电话：010-57512564）

推荐序1 Recommendation

我要热烈祝贺旭斌总的大作《为价值而生——决策者财务新思维》出版发行！也感谢他不辞劳苦，辛勤耕耘，为管理界和社会贡献这样一本难得的好书！

这是一本让人拿到手后眼前一亮，读来爱不释手，读后沉思良久的好书。

在信息爆炸的时代，汗牛充栋已不足为奇，但要获取一本真正的好书，却难上加难。本书难得之处在于，它将他山之玉和自身感悟，人生哲理和管理实操，系统构建和细节把握融为一体。通过阅读本书，我们不仅能获得心灵的洗礼，同时还能获得境界的提升和能力的强化。

旭斌总谈财务时，对哲学家、文学家、政治家、历史学家、企业家的思想都信手拈来，运用自如，恰到好处。先秦诸子，后世百家，中学儒道释，西学势道术，古今中外，皆在其中。其涉猎之广博，令人钦佩，学业之深厚，令人惊叹。这本书，切实印证了一句老话：读书破万卷，下笔如有神。

旭斌总能达到如此高度，绝非一日之功。他经济学科班出身，受过严格的专业训练。他曾在国有商业银行工作，任信贷处长一职多年。在中国 500 强企业集团工作，担任执行董事兼最高财务主管多年，得到公司上下一致好评。这种横跨金融与实业、国企与民企的丰富经历，从基层、中层、再到高层的实践经验，使他对财务工作，既有全方位的理解与掌控，也有对细节的娴熟与把握。这本书是旭斌总职业生涯“行万里路”之后的回顾、总结、提炼与升华。

本书有三个鲜明特点。

首先，它从 CEO 财务视角来讲述“业财如何融合”，而非一本纯粹的财务专业书籍。书中几乎没有复杂的会计公式及科目计算，也很少有晦涩难懂的专业术语，可读性很高。

其次，书中很多观点来自对市场和一线工作经验的反思和领悟，讲述的是发生在自己身边的故事，比起那些源于书斋的理论专著，更容易引起人们情感的共鸣。

最后，书中对习以为常的财务概念与管理术语，做出了极具高度的哲理阐述，让人“知其所以然”。通透的分析和解说，让人茅塞顿开，给人带来欣喜。

书中金句连连，精彩不断。以下略举几例，读者可提前感受下：

经营是成就客户，管理是成就员工；

机制是第一生产力，管理就是分责分权分钱；

财务是一种思维，会计是一种职业；

企业有三支财务经营团队，一支专业财务管理团队；

一流企业组织的财务特征是高毛利率、低费用率、高薪酬水平的结合。

如此新颖的观点没有一定的经验积累与内功修炼，是很难生发出来的。

我与旭斌总相识多年，每年通常都会小聚几次。我曾多次向他请教知名企业独特的财务战略与商业模式，他总能洞穿本质，将令人望而生畏的财务逻辑讲得清楚透彻，让我受益匪浅。我也习惯在自己的朋友圈转发他个人隐名公众号“小材大做”里的优秀文章，每次都会引来潮水般的点赞与转发。这次，他将自己多年的思考汇集成书，我当然要向所有财务专业和其他管理工作者强烈推荐，相信大家读后也会向自己的朋友推荐本书。我们二人还曾一起给管理培训班讲过课。有趣的是，我讲 HR 或者经济学，他讲财务，都是基于“价值管理”这一共同理念。他在课堂上讲的很多内容，例如前面提到的一些金句，也是我在课堂上常说的。这让我们更加坚信，经济学与管理学虽为不同的学科，但二者都有共同的底层逻辑。更有趣（或许不那么有趣）的是，给同一批学生授课时，学生们给他的评分总是略高于我。我虽有几分羡慕和嫉妒（没有恨），却也心悦诚服，没有丝毫的不服气。每次同旭斌总在一起，都是宝贵的学习机会，我倍感珍惜。我很高兴，以后旭斌总不在身边时，还有他的书与我（们）长相伴。

旭斌总为人正直、谦虚好学、有情有义，且低调内敛，是为真君子。与他交往，让人感到轻松、愉悦，又充实、进步。常言道，文如其人，相信各位读者在阅读本书时，会有同感。

王一江
长江商学院经济学及人力资源学教授，副院长
2023 年 1 月 28 日

推荐序2 Recommendation

春节前我收到了黄旭斌先生《为价值而生——决策者财务新思维》的书稿。利用春节假期，我认真阅读了一遍书稿，认为这是一本理论与实践相结合的好书，也很高兴为这本书写序，向各位关心和喜爱管理会计的企业家、CFO、财经学界同行，以及非财务行业的朋友们推荐这本书。

旭斌同学是我任职的中欧国际工商学院的EMBA校友。他从中欧毕业后，我们一直保持联系，他的丰富管理经验和对管理会计的深入思考给我留下了深刻的印象。2017年，我协助中国总会计师协会刘红薇会长为新创刊的《中国管理会计》组建编委会时，还邀请他担任杂志企业界编委会成员，他对杂志的成功创办和发展提出了不少极具建设性的意见。

黄旭斌先生曾在中国 500 强企业担任多年的执行董事兼 CFO，还在金融行业摸爬滚打十余年，被《首席财务官》杂志社评选为 2013 年中国十大杰出 CFO，他的专业功底与实战经验是扎实且丰富的。

管理会计的核心是未来的价值创造，价值创造的关键是人，一位优秀的 CFO 对企业的发展尤为重要。2019 年 4 月 25 日，中国总会计师协会发布了《中国总会计师（CFO）能力框架》，从道德遵从能力、专业能力、组织能力和商业能力 4 个方面提出了 23 项能力要求。一位优秀的 CFO 必须具备正直、诚信、公正、稳健的品格，同时还需拥有一流的专业水准与领导力，这是《中国总会计师（CFO）能力框架》的两个核心观点。我很高兴看到旭斌在本书中对这些内容都作了生动的诠释。

全书分为五个章节，观点清晰，内容丰富，其中有不少源于实践且符合逻辑的新思考：财务部门必须是企业的利润中心，财务领导力是 CFO 职位的灵魂，财务是思维、会计是职业，财务是管理更是经营，经营成就客户、管理成就员工，企业有三支财务经营团队与一支专业财务管理团队……这些来自市场一线的精彩感悟与体会值得一读。

管理会计的一个重要特点是创新。有意思的是，管理会计在过去40年的几大创新都源于企业管理者的探索与思考，在国内外学术界和企业界具有深远影响的“人单合一”模式下的共赢增值表就是一个很好的例子。但我要强调的是，作为指导管理会计创新的经济理论基础并没有改变。理论可以指导实践，实践创新可以丰富我们对理论的认识。我建议企业管理者都能学习一点现代信息经济学和机制设计理论，并将其应用于实践中，认真探索，通过管理创新应对未来的新挑战。同时，希望业界的各位朋友都能像旭斌一样，总结分享自己的经验，推动管理会计的发展。

许定波

中欧国际工商学院依视路会计学教席教授

中国总会计师协会副会长

《中国管理会计》杂志编委会执行主任

2023年1月31日

推荐序3 Recommendation

“太上有立德，其次有立功，其次有立言”，语出《左传·襄公二十四年》。君子立德、立功、立言，此乃“三不朽”。

作为曾任职于中国500强企业的CFO，同时作为上海国家会计学院（以下简称“学院”）“管理会计年度论坛”发言人、财政部会计领军班讲师、“CFO大讲堂”受邀演讲人，旭斌既是学院的校友，也是学院倚重的校外老师。

2022年上海新冠疫情期间，我主持创办了“CFO公益大讲堂”直播课堂，想邀请旭斌前来授课。旭斌欣然应允，并精心准备了题为“财务的定位与力量——阔论优秀CFO的成长之路”的讲座，受到成千上万专业人士的线上追捧，“播友”积极地在线互动发言，对旭斌讲授的那些教科书中罕见的内容倍感新奇。这一讲正是《为价值而生——决策者财务新思维》这本书的雏形。旭斌凭借其30余年躬耕财务领域之德、之功著书立言，这本书可谓他个人职业生涯的厚重积淀，上海国家会计学院亦因为有这样杰出的校友和伙伴而感到荣耀。

旭斌将自己30余年财务工作经历流注笔端，深入浅出地讲解财务是什么、为什么、做什么、怎么做。财务的本质是关系，是战略，是思想，是哲学。所谓关系，“钱账表税”企业财务运作周遭，涉及个人、企业、社会、国家，因而才有“企业六流”“七个市场”合理利润的价值判断。所谓战略，企业是国家经济运行的微观载体，企业与国家命运同体、生死相依，这就是最大的战略。所谓思想，是人类社会的高级结晶，在法律上企业不是“人”，却是“拟制的人”，所以才有“现金和现金等价物就是企业的血液”，这是“生理需求”的绝好比喻。企业“法人”实体价值实现的基本点、出发点、落脚点决定了企业生命体征和质量。所谓哲学，是人与组织思想的巅峰和脉络，是企业价值投资的最终能级所至。

我非常看重旭斌对传统财务职能的反思，读旭斌的文稿，你似乎能感受到他怦怦的心跳，他带着的马克思主义中国化的价值观、上下求索的意志，带着他的弘毅和赤子之心，为孜孜以求的财务人照亮前路。

宏“观”财务乃“国之大者”

旭斌毕业于财政部科研所研究生部，师从田椿生教授、陶增骥教授，深得老一辈投资经济学家的传道。

旭斌校友的宏“观”财务思想（暂且这样讲），与我的导师，老一辈经济学家、我国宏观财务理论的奠基人，黄菊波老先生的思想同气相求。王秉乾同志在《黄菊波文集》的序言中说：“他的研究见微知著、独树一帜。”“见微知著”是说他从企业财务活动和经营状况中看到财政经济大问题；“独树一帜”是说他把国家财务与企业财务、社会资金运动与企业资金运动，也就是把宏观与微观结合起来进行研究。黄老与陶老是财政部科研所首批被授予博导的4位早期财政经济专家。他们的治学精神都展现出国士的“大局观”。旭斌显然是传承了他们的衣钵。

在2021年12月学院智能财务论坛的致辞中，我提出了“大会计”的四种思维，试图解释“国家会计学院”名称中“会计”的含义：首先，大会计是一个“大体系”，涵盖国家财政的总预算会计，部门和地方的预算会计，企事业单位和机构组织的单位会计，这本身是一个相互联系不能割裂的体系，它们构成了国家资产负债表；其次，大会计需要一个“大系统”，涵盖构建横向和纵向的管理关系、控制系统和数据系统，在数字化、网络化、智能化条件下，系统内部与外部信息之间是可以贯通、穿透和印证的；再次，大会计必然是一种“大管理”，涵盖企业生命周期、产业生命周期、技术经济变革转换周期、国家经济结构调整周期，以及世界经济调整转换周期。唯有对微观与宏观经济现象持续不断地分析，才能把握问题的实质、走向和规律，稳操胜券。最后，大会计要有“大作为”，财会人员应不断保持和发展专业胜任力，为企业解决问题，为服务国家建设作出应有的贡献。这与旭斌提出的“全视角看产业”“企业文化内涵始于诚信，终于责任”“有预算才有胜算”等观点不谋而合。

“从无字句处读书”

“与有肝胆人共事，从无字句处读书”，其意是要与有胆有识、重感情、讲义气的人共事成为朋友，从他们的精神层面吸收营养。旭斌校友正是这样一位豪杰之士。

早年，全国会计领军人才联合集中培训，上千人汇聚上海国家会计学院期间，旭斌是中国 500 强企业的 CFO，也是高峰论坛的演讲嘉宾，他以“智慧企业智能财务”为主题的演讲，至今令我记忆犹新。

2022年，作为CFO公益大讲堂的主持人，我再度领略了旭斌专业报国的视野、胸襟、情怀、义利观和价值观，在我眼中，他是将专业主义进行到底的微观经济管理者，也是一位宏观经济的洞察者，我认为已不能用财务人来定义他，他称得上是一位企业财务学的大家。

受邀写序之前和将序写好之后，旭斌多次提醒我不要提及他曾任职的企业的名字，他说："我曾任职过多家企业，我在书中没有提及任何一家企业的名字和领导，以免有借其崇高商誉营销推广本书之嫌。"他的这番话令我肃然起敬。

"凡我校友、不做假账"

2020年10月，我曾到访刚刚建成，但尚未对外开放的上海国家会计学院"诚信馆"，一睹朱镕基同志为学院题写的"不做假账"的校训，碰巧赶上学院建院20周年，我被安排在11月23日举办的"长三角校友论坛"上致辞，第一次公开发言，我思前想后，最后将主题落定在对"不做假账"的三点理解：

不做假账，是一种探索生命价值与社会价值和谐统一的人生态度，永远追求至善至臻、知行合一，是人生价值与社会价值的和谐统一。

不做假账，是保持超然的是非判断与价值判断的专业胜任能力，是登高望远，保有战略思维，运筹帷幄；是庖丁解牛，把握规律、精准判断；是在娴熟专业判断之上的决策影响力。

不做假账，是专业主义者通晓义利大道心怀天下的情怀，是专业主义者对“保持和发展专业胜任能力即遵守职业道德”这一职业价值观和职业态度的认同。因而才能知“实体”生死、晓“进退”常伦，行“义利”大道，担“职业”责任，秉承诚信人格，却不独天下利益而造福天下的人文观，是会计人“利家国社会”意志的写照。

旭斌的这本书，正是从思想、战略、决策、操守等多个维度，告知财务人如何不做假账。

以此为序，与各位共勉。

白晓红

上海国家会计学院党委委员、副院长

2023 年 2 月 6 日

推荐序4 Recommendation

2016年6月，广东省管理会计师协会成立，我与黄总因此结缘。作为大企业的CFO，黄总众望所归被推举为副会长，而我是“非领导职务”的名誉会长。我们与林斌、胡玉明、刘中华等几位教授，陈虎、吴颖湘、高符生、王平等业界大咖一道，怀揣着为中国管理会计“立人、立标、立论”的共同理想，为推动管理会计能力框架构建、教育标准与人才培养实践、理论与政策研究、学术研讨与调研等，做了不少值得称道的事情。黄总是一位比较活跃的副会长，他开沙龙、搞调研、做交流、谈改革、论教育，不辞辛苦，乐于奉献。令我钦佩的是，他读书不少，知识面宽广，语言表达丰富，看问题敏锐透彻，思维逻辑严密。听他的讲座、与他交流，每每都感受到他深厚的哲学思辨能力。

因为新冠疫情等原因，我已 3 年多未见到他了，但偶尔还是会相互问候和交流。有一次他告诉我，说自己身体出了一些状况，目前居家休养，我想可能是长期过度劳累所致，嘱他安心休息，早日康复。原以为他这些年在家静养，安享难得的赋闲时光。不想前几天，他突然发给我一部电子书稿，请我为这本书作序。我这才知道，他 3 年多来压根儿没闲着，而是用思考和写作换来了这部诚意之作。

我怀着急切的心情，几乎一口气读完了黄总的这部大作。边读边回忆起与他交往的一些场景，他磁性的声音、生动的表情历历在目。真是文如其人，他的文字也是那么生动，字里行间闪现他的智慧之光。

与大学教授撰写的教材专著完全不同，这本书没有高深的理论，不追求完整的体系，不讲究章节对仗，甚至没有文献检索。可是细读下来，你会发现书的内容着实妙不可言，提炼的哲理令人耳目一新。诚如其言："书中的内容大都源于我对工作的反省、思考与总结，也有不少是与业界朋友们交流时碰撞出的思想火花。"

归纳起来，我认为这本书有以下特色：

第一，从企业组织的目标定义了"财务"内涵。

我理解本书的"财务"是"大会计"概念。黄总认为，

“企业是一个追求价值最大化的商业组织，它有业务和资本两条创造价值的主线”。他把“企业财务管理框架”定义为实现企业价值最大化的组织结构，“财务管理”通过与业务的融合和对资本的管理帮助企业实现价值创造和价值最大化。在与业务的融合中，通过财务报告、预算管理、税务策划和业绩评价等手段，助力业务创造价值。在对资本管理中，通过融资管理、投资管理、资本运营和股利分配等手段，助力资本创造价值。从中可以看出，这个“财务管理框架”实际上是一个包含了财务会计、管理会计、财务管理和内部审计在内的综合体系，跨越了多个专业学科。

企业中是不讲学科分类，不谈学术争论的，而是讲实用、实战、实效。学术界的各种争论，从未对实务界对会计学科应用性特征和实用性倾向的认知和应用产生影响。在不少企业中，财务管理、财务会计、管理会计都是混在一起的，都称为“财务”，从事“财务工作”的人都叫作“财务人员”，没有学科概念，只有岗位的区别、职位的不同，只要能够符合企业组织价值创造需求，为企业经营决策提供最佳服务就是“财务”的使命。我认为，作者从企业组织的目标出发，以一位资深CFO的视角对“财务”作出了符合企业运行、经营、管理、决策需要的合理诠释。因此在下文中，我均以“财务”代表作者的概念。

第二，以全新的思维定义了“财务”与“战略”“经营”“业务”的关系。

在企业经营、管理、决策过程中，CEO和CFO的财务视角是否相同？CEO和CFO是一种怎样的关系？有人认为，CEO是决策者，CFO是决策参与者；也有人认为，CEO和CFO是企业经营的合作伙伴，在决策中各有分工，各有执掌，是战略合作关系。

显然，作者持后一种观点的，但他对企业的“财务”团队做了细致的分类：CEO执掌的“大战略财务团队”，前中台业务伙伴组成的“业务财务团队”，业务伙伴和财务伙伴组成的“财务经营团队”，以及负责“账表钱税审”的“专业职能团队”。作者认为，“CEO是企业投资财务回报及所有重大战略财务决策的第一责任人，也是企业战略财务与业务财务的第一负责人，而CFO或财务总监是企业战略财务与业务财务的第二负责人、专业财务的第一负责人”。我想，这是基于作者长期的实践经验和对企业整体业务的熟稔，对“财务”与“战略”“经营”“业务”关系的深层剖析，对“业财融合”和“实现企业价值最大化”的底层逻辑的科学梳理，也是基于对财务人员、经营者、管理者、决策者的融合性思维，从而对“财务”的存在赋予了更高价值。

作者另一个重要观点是：财务的本质是收益与风险的二元动态均衡。他解释道，企业永远要在合理的收益与风险之间做中庸的均衡选择，这样才可能走上长期可持续发展之道。我想，作者是把道家的阴阳平衡理论和儒家的中庸思想运用在企业的经营和管理实践中，总结提炼出富有哲理的企业治理之道，值得我们学习研究。

第三，挖掘“财务”的哲学和精神内涵，赋予“财务”生命的灵性。

作者在自序中，开宗明义谓之“这是一本解财务之惑、寻财务之道的书”。他认为，“企业是一个通过配置各类有形、无形资源，获取经济利益的商业组织，也是一个由所有利益相关者组成的利益共同体，同时还应是一名优秀的社会公民”。

作者要解何“惑”、寻何“道”？在通读本书后，我理解了黄先生无论对企业，还是对财务，都有一种内化于心的崇高使命担当和文化底色。他要解的是如何处理财务与企业内、外部各类利益相关者的关系，以及如何为企业价值最大化进行业财融合运行和组织改革优化的逻辑构建之“惑”；要寻的是财务价值背后的思维逻辑、哲学使命、科学结构和文化内涵之“道”。他在书中提出“财务是哲学，财务是科学，财务是艺术，财务是生活，财务是文化，财务是一种思维”，认为“应该从经营哲学、战略学、经济学、管理学、信息学、人力资源及市场学等维度为企业财务职能定位”。

他以场景式说理，举证式阐述，为财务赋予了灵性，并深刻解读了为企之道、为商之道、为财之道、为职之道和为人之道。

第四，积极拥抱数字化浪潮，探索数智环境下“新财务”之道。

作者坦言，这是一本关于业财如何融合的书，认为“数字经济正在重构产业发展的新逻辑”，而“渐入佳境的数字财务是‘大道至简’的绝佳体现”。这体现了作者对业财融合所需的科技基础的充分认识，正是“大智移云”等现代信息科技的迅猛发展，给业财融合带来了可真正实现“六流合一”的技术平台。可以说，现代信息技术则为真正实现业财融合构筑了可能的基础。

如何实现财务数字化？作者认为，数字化战略核心在于提升企业数据的分析预测水平及企业的决策支持能力。初级阶段考核指标的设定应侧重帮助业务部门提升效率、降低风险，同时还要提升企业资源配置的效率与效果。不要为了数字化而数字化，要让 CEO 及业务主管逐步感受到“数字战斗力和数字生产力”的巨大威力。

在现代企业中，信息技术与财务的融合，使财务系统更好地服务于业务的增值、管理决策和价值创造。财务要同整个业务体系融为一体，通过这种融合，使企业实现更好的决策管理和增值发展。财务人员除本应具有的会计专业能力，还需具备战略管理、运营管理、信息技术、数字管理等业务能力。

作者是一位有思想的财务人。自 2018 年 5 月，作者开设“小材大做”公众号后，基本按照每月一篇文章的节奏，传播自己的“财务”经验和“财务”哲学。勤奋思考，勤奋写作，思考不停，笔耕不辍。他研究新经济、新模式、新业态。在企业内部，他研究财务规律、业财融合、数据共享系统，以及企业财务组织变革。

第五，悟透商道，融财务与人生为一体，堪称职场必备手册。

以作者所见，财务即人生。他把财务与为人做事的基本道理融会贯通、融为一体，透过财务悟出人生真谛。

作者认为，人身在职场，其一，应树立正确做事的价值观——“利行天下、德行天下”；其二，应树立正确做人的价值观与修行——“近智、近勇、近仁”。其三，应像做人一样做财务，不要像做财务一样做人。如此深邃的哲理，唯有历经千锤百炼后仍从容淡定之人，才会有此感悟。

总之，这是一本解财务之惑、探财务之本、寻财务之道、传财务之经、立财务之志，嘱财务之人的好书。通篇充满理性和辩证法，兼有理想主义和浪漫情怀，语言朴素、道理深邃，通俗之中蕴涵大雅。因而，我乐于向各位企业家、CFO、财务工作者，以及喜爱财务的大学生们推荐此书。

喜读好书，掩卷有感，欣喜之余，乐为之序。

王　华

中国会计学会常务理事

国际管理会计教育联盟副理事长

广东省管理会计师协会名誉会长

广东财经大学原校长

2023 年 1 月 19 日

推荐序5 Recommendation

企业CFO的公众形象似乎是保守、严谨、内向的，但我的好朋友黄旭斌先生是一个例外。他是首席财务官杂志社评选的2013年度中国十大杰出CFO，为人正直善良、诙谐幽默、重情重义，也是少数拥有自己隐名公众号的优秀CFO。近日，他告诉我他计划出版一本管理会计类新书，希望我为他的新书写一个推荐序，我欣然接受。

我与旭斌是财政部财政科学研究院研究生部的校友，我们相识多年，结下了深厚友谊。我们每年总有几次聚会，每次见到他，我总能听到一些很有创意的新词汇，如会计工厂、数据银行、数字财富密码、场景式财务、生态圈金融、利润风险地图等。兔年春节期间，我认真阅读了他寄来的书稿，书中的精彩观点令我惊喜不已："财务是一种思维，会计是一种职业；财务是业务的货币表达，业务与财务是企业的一体两面；财务是管理，更是经营；企业是筹钱—花钱—赚钱—分钱的周期循环；业务运营是爬楼梯，资本运营是坐电梯 ......”诸如此类的新观点是传统财会教科书中没有的，也是一般企业财务报告中很少见到的。我曾多次邀请他参加我们集团举办的“中国 CFO50 人 +”论坛、财务管理新世界研讨会和公司年度经理人大会，他每次的主旨发言都很受大家欢迎，他也是与我们公司管理团队交流互动很多的外部专家。

总体而言，我认为本书有三个显著特点：其一，本书从 CEO 视角或者经营视角阐述了价值型财务而非报表型财务，从企业顶层设计方面讲清了财务与业务、经营与管理的逻辑关系，也澄清了不少业财融合领域的误解；其二，本书强调“战略财务 + 业务财务 + 专业财务”三位一体的系统财务管理模式，是对传统报表财务或核算财务模式的升华。书中提出财务要管理好六组利益相关者的生产关系，企业“筹钱—花钱—赚钱—分钱”的周转管理，价值发现、设计、创造、实现、计量、保护评价与分配的全价值链管理，强调有钱有风险的地方就有财务，财务是无处不在的；其三，本书强调管好未来比管好昨天更重要，CFO 要成为企业的首席财富官、首席风险官、首席未来官及公司价值设计师等。

感谢旭斌将他多年积累的优秀文章汇集成这本独特的新作，让我们能够全方位了解一个优秀 CFO 的思维模式与成长故事。非常感谢旭斌的信任，让我先睹为快，能为他的新书作序是我的荣幸。同时我也非常乐意向各位企业家、金蝶集团的合作伙伴、财经战线的同仁，以及喜爱财务的朋友推荐此书。我对这本书满怀信心，相信阅读此书，定会令各位受益良多。

新年新起点，新岁新成就。希望旭斌创作出更多有价值的新作品，也希望我们一起继续努力，共商、共建智能经济时代背景下的财务管理新世界。

徐少春

金蝶国际软件集团董事会主席兼 CEO

2023 年 1 月 28 日

推荐序6 Recommendation

我与旭斌的相识，源于南海公学。这是一家由众多教授学者、企业家共同参与执教的商学院，向中国的年轻商业精英和创业者提供前沿的实战管理课程。在南海公学，旭斌曾多次无偿为学生授课。我不止一次听到身边的企业家朋友和学员对他的课程交口称赞，这也令我对旭斌产生了好奇心。

初次见面，我们从个人经历聊到财务理念、战略思维，从行业前瞻聊到哲学思想，可谓一见如故、分外投缘。后来，我仔细研读了他发表的公众号文章，十分欣赏他对于财务专业的独到研究。我感动于他低调、谦卑的处世哲学，对学员无偿、无私的分享和帮助，将这门专业度极高的课程讲得通俗易懂，令很多非财务领域的经营者、高管都领略到财务的价值。

从南海公学到楠溪江，我们从相识到共事。我很荣幸邀请旭斌成为我公司的董事。在财务经营，尤其在投资决策上，他会提前做很多功课，从不同的考量角度，结合实际案例，为我提供专业意见，经常令我有豁然开朗之感。

今天，当看到这本书稿时，我明白了，书中的一字一句都是他 30 多年来，践行“财务为价值而生”理念最好的总结。

旭斌说财务是一种思维，他尝试从企业整体业务和 CEO 视角提出新的思考。财务就是“财富 + 业务”，其本质是价值。财务有价值创造（收益）与风险管理（成本）两大核心职责。企业中，财务思维和客户思维一样，是每一位员工必须具备的通识思维，更是商业社会中，每个人都应具备的底层逻辑认知。这些观点，让我了解到财务“为价值而生”的多样可能。

在业财融合不断被提及与实践的新商业时代，企业财务体系的定位不再局限于企业中后台，而应该形成系统，打造“大战略财务决策 + 前中台财务经营团队 + 后台专业管理职能”的价值团队，这是我们企业经营者鲜少思考的财务逻辑，面对各类新的挑战和不确定性，我想是时候系统思考并挖掘财务更大的价值了。

阅读本书，我能深切体会到旭斌的人文情怀与财务哲思。我敬佩旭斌“一眼观本质”的洞察力，他眼中的财务之道存在于财务之象中，并通过具体的财务实务表现出来。看似普通的财务报表在高人眼中，就是家底的真实袒露、战略决策的核心信息，以及背后隐藏的管理智慧。

2023 年，在一切重启后，面对不确定性，我们很需要这样一本财务实务思维与哲学思想相结合的作品，为我们展现一幅个人、企业与利益相关者关系总和的全景图。

祝贺旭斌，完成人生的又一次转型，将多年的专业思想、经验、收获，通过文字惠及更多人，无论是企业经营者、专业财务人员，还是年轻学生，都可从中获取对财务思维、财务哲学、财务价值的思考与启迪。

钱金波

红蜻蜓集团有限公司董事长

2023 年 1 月 16 日

推荐序 7 Recommendation

我和黄旭斌老师相识于 2019 年，黄老师是南海公学享有极高声誉的讲师，我也是通过公学的朋友引荐，才有机会结识。这一转眼已经 4 年多，这期间，黄老师对我来说亦师亦友，无论是我个人的修炼之路，还是公司的运营管理，他都给予了我宝贵的指导和帮助。因此，当闻悉黄老师即将出版新书《为价值而生——决策者财务新思维》，并邀请我作序时，我受宠若惊，担心无法担此重任。不过因盛情难却，我在这里简单分享一下这些年同黄老师共事的感触，以及拜读新书的体会。

在财务知识领域，黄旭斌老师是一位资深学者、实践者和传播者。虽然我也有过担任财务总监的经历，对于企业财务有一定的认识，但听完黄老师的财务管理课后，我深深折服于他所讲解的财务知识的系统性、专业性、通俗性。我也因此成了黄老师的忠实粉丝。后来我多次邀请黄老师到树根互联，为公司的高管团队进行财务管理知识讲座。黄老师分享的内容至今让我印象深刻：如何从财务领域以合伙人的视角赋能支持业务发展，如何让业务管理具备财务理念及其分析思维，如何发挥财务运营支持、风险管理和价值创造的核心能力等。黄老师富有启发性的财务思维课，广受公司同仁好评。为了更加长久且充分地“挖掘”黄老师这座“财务知识宝库”，也为了进一步提升树根互联管理的高度与深度，在征得黄老师同意后，树根互联非常荣幸地聘请他担任独立董事以及审计委员会召集人，为企业的发展出谋划策、保驾护航。

在工作中，黄老师是一位极其认真负责的财务顾问。黄老师拥有超过 10 年商业银行与投资银行从业经验，近 20 年企业财务管理及金融从业经验。自从成为树根互联的独立董事以来，他从财务视角给树根互联提出了大量宝贵建议。在企业财务管理当中，提出了新颖且具体的分析视角、架构和方法，他的建议对于一家创业公司保持成长性和稳定性弥足珍贵。

在学术探索上，黄老师也持续沉淀总结，不断产出知识成果，指导企业财务管理实践，《为价值而生——决策者财务新思维》正是一本偏重企业整体业务及CEO财务视角的管理学著作。在一家企业中，CEO理应清楚掌握资产负债表、损益表数据背后代表的业务本质及内在含义，将企业的战略及商业模式与财务逻辑建立有机的映射关系，这种观念对于企业高管或核心创业者来说大有裨益。同时，财务作为一种我们都需具备的底层思维，对于支持公司业务的健康发展不可或缺，这也是黄老师一直倡导的理念。此外，书中对于绩效目标、预算、审计以及银企战略合作等领域也做了相关阐述，对于企业解决实际问题很有借鉴价值。

最后，再次对黄老师的新书出版表示祝贺，希望业界有更多的同行者，能通过黄老师的新书找到奋斗路上的北极星。

梁在中

树根互联股份有限公司董事长

2023年1月30日

推荐序 8 Recommendation

2022 年 3 月，国资委印发《关于中央企业加快建设世界一流财务管理体系的指导意见》，这一意见是按中央“培育具有全球竞争力的世界一流企业”的相关工作部署，对中央企业在未来发展中的财务工作提出的整体性、前瞻性要求。作为央企体系中最早一批国有资本投资公司试点，并于 2022 年 6 月正式成为按国有资本投资公司模式运作的 5 家央企之一，近年来，中国宝武集团始终将“建设世界一流财务管理体系”作为企业经营管理中的重要工作。在此背景下，我有幸结识了黄旭斌老师。

初识黄老师是在上海国家会计学院的“CFO 大讲堂”，当时黄老师对“财务的定位与力量”的解读令我耳目一新，印象深刻。后来，为“建设世界一流财务管理体系”，中国宝武集团积极推动企业财务人才培训体系的建立，策划财务人才高端培训计划，邀请了包括黄老师在内的一批顶尖会计、财务方面的专家，这些专家不但帮助宝武的财务人员夯实了相关的理论知识基础，更通过介绍各自不同的经历与见闻全面提升了财务人员的视野。在这些专家之中，黄老师的课程再次让我眼前一亮，这也是许多宝武财务学员的共识。无论课上的教学，课间的交流，还是课后的反馈，黄老师的学养之扎实、见解之深刻、经历之丰富，时常令人心生“高山仰止，景行行止，虽不能至，然心向往之”的感触。

因具有长期企业实际管理经验，黄老师的授课方式不同于一般的学院课程，他切实深入企业管理的内部进行分析研究，并提出可供借鉴、实践的思路。我们所接触过的财务会计方面的图书或课程，有针对财务“小白”的普及类图书，也有科班培养的专业理论教程，还有近年来愈演愈烈的考证式学习类图书，这些图书要么知识深度不够，要么理论有余实践不足，并且涉及现代企业中的 CFO 及其他高级财务管理人员成长途径的图书可谓少之又少，黄老师丰富的职业经历和后期的职业转型，填补了这一领域的空白，为企业财务人员的职业发展提供了鲜活的理论指导，这正是当时我们上课时认为耳目一新的地方，也是这本书的独特价值所在。

党的十八大以来，习近平总书记创造性地提出我国经济已由高速增长阶段转向高质量发展阶段的重大论断，强调要准确认识我国经济发展的阶段性特征，立足新发展阶段推动高质量发展。在去年胜利召开的二十大上，习近平总书记又着重强调，高质量发展是全面建设社会主义现代化国家的首要任务。在这一背景下，企业的发展需要逐渐摆脱对规模的追求、单向度的成本竞争，在高质量发展的道路上，质量、品牌、创新才是企业制胜的关键，其中，管理会计将会发挥越来越重要的核心作用，即便是成本会计，也要从责任成本、目标成本、标准成本逐渐扩展到作业成本、战略成本、机会成本。从某种程度上来看，后者对企业的重要性在新的阶段要远胜以往的标准化工作。在时空转换速度加剧的今天，决策成本可能决定一个企业的生死存亡，财务会计中管理思想重要性的日益提升，正是避免企业遭遇经营对手“降维”式打击的方法。

黄老师在书中讲到，财务的本质是收益与风险的二元平衡，业务和财务就如硬币的一体两面，我对此深有共鸣。传统上，财务部门在公司内部是踩刹车的角色，但如果做得好，财务部门还应懂怎样适当地调整赛道、调配资源，帮助主驾驶看清方向。优秀的 CFO 要有大格局和大视野，要对企业经营有更高维的理解。从财务的角度看战略，无论是当前还是长期，管理会计都会面临很多无法量化的情况。很多激进冒险的投资决策应悬崖勒马，而从战略的角度看财务，财务可提供的支撑虽然重要，但不是唯一，可审慎参考，但不是决定性因素，此时，唯成本论只会束缚企业发展的手脚。对于一个优秀的财务团队来说，洞察力是必不可少的核心能力，需要对财务和业务有着深刻的理解，需要对用户需求和社会发展趋势作出及时的判断和决策。此外，协同也是关键能力，仅凭一人、一部门无法打天下，内部协同需要部门间相互理解、帮助与支持，外部协同则包括产业链协同、友商协同等，形成产业生态圈，实现行业良性发展。

大时代背景正推动着财务人员在企业中，尤其在企业集团中，逐步摆脱传统经营中的“小会计”的印象，并逐步帮助财务人员强化“大财务”的决策形象。因此，在《关于中央企业加快建设世界一流财务管理体系的指导意见》出台之际，国资委就特别指出“财务管理是企业管理的中心环节，是企业实现基业长青的重要基础和保障”。与此相呼应，宝武集团在 2021 年干脆把集团财务部更名为经营财务部，更直接表明了财务在企业中的角色定位。应该说，在当今时代，财务思维与经营思维密不可分，财务战略在公司战略中的关键意义已成为共识。

黄老师历任银行、证券公司、资产管理公司的各类岗位，之后又在实体企业长期担任财务总监、负责财务相关方面的高级管理工作，这与我的职业生涯多有相近之处。这种多岗位锻炼的相似经历，让我和黄老师在对公司经营和财务管理的理解和认识上有许多共识。因此，与黄老师的相遇也触发了我对未来财务会计人才培养的一些想法。因时代的变化，未来财务人员的培训体系必须要与时俱进、全面升级，未来财务人员需要的是更为广泛的多学科、多层面、多维度的视角拓展。当前，相当一部分大学的基础会计教育已经在有意识地拓展一些新的方向，课程的设计除专业本身内容外，还包括战略决策、商业案例实战、大数据发展、社会沟通及心理、数学前沿理论等延展性课程，对于处于竞争一线的企业来讲，如何及时将这些最新的研究成果，更“接地气”地纳入企业的培训体系，是需要认真思考和快速推进的重要课题。同时，我们也可以看到，大学课程的学习大多还是集中在专业理论方面，在实际经营方面多有欠缺，而当代的财务人才最为需要的恰恰是“业财融合”。从企业来看，加强财务人员对业务知识的学习很重要，包括请业务专家培训，参加业务部门会议，到业务部门挂职等，多岗位历练和交流是财务人员与公司战略紧密结合的优选之道。能力的逐步积累会极大拓展财务人员在企业中的位置，对财务人员的职业发展也更有利。

今时今日，财务管理在企业中正发生着巨大变革，财务“支撑战略、支持决策、服务业务、创造价值、防控风险”的全面管理功能正日益引起企业管理者的重视，对财务人员的期望也日趋丰富，诊断公司财务状况症结的能手，精明善断的决策专家，种种角色不禁让人想起三国中那位手摇羽扇头戴纶巾，“运筹帷幄之中，决胜千里之外”的诸葛孔明，从这一角度看，黄老师的这本《为价值而生——决策者财务新思维》可谓新时代的《孙子兵法》，是帮助财务人员推动企业面对商场实战的宝典，其中源自他亲身经历的经验总结值得各位读者借鉴参考。

希望每一位有心在企业发展中提升自己的有识之士，都能看到本书，也希望黄老师今后能继续推进自己的研究总结，为我们提供更多的行动指南！

何宇城
中国宝武集团经营财务部总经理
2023 年 1 月 16 日

自序 Foreword

财务是一种思维，会计是一种职业

小时候，我曾读到法国自然主义作家、理论家左拉的一句名言："所谓充实的生活，就是养个孩子、栽棵树和写本书。"对于这句名言，我的理解是，有意义有价值的人生应该承担起人类繁衍之责，影响并培养一批年轻人，留下富有思想内涵的作品。这句名言深深打动了我，并一直印刻在我心里，让我明白幸福人生的大概模样。

3 年前，我因身体原因退出了一线职场，加上始于 2020 年的新冠疫情给了我一段完整安静的独处时光，让我能够以清零的心态反思自己无悔的职业生涯。在叶开及胡利华两位好友的鼓励下，我终于能够在2022年底完成人生的第三块拼图，也算是圆了自己写一本书的心愿。

《为价值而生——决策者财务新思维》是我迈入人生新阶段的第一部作品，它究竟是一本什么样的书？它的缘起与初心是什么呢？

这是一本解财务之惑、寻财务之道的书。马克思主义哲学认为，事物的普遍性寓于特殊性中，共性存在于个性之中，并且通过个性表现出来。海德格尔曾说："真理就是去蔽，就是把不真的东西去除剩下来的无蔽状态。"我理解的真理就是普遍性、必然性，就是穿透纷繁复杂的表象找到本质，就是中国哲学中的"道"，而特殊性则是真理或本质的显像，即外化的表象。显然，财务之道存在于财务之象中，并且通过具体的财务实务表现出来。

我国一直习惯将财务与会计并称，让很多人误认为两者是一回事。当下中国财会学界有关会计本质的两大主流理论是会计信息系统论（以余绪缨、葛家澍教授为代表人物）与会计管理活动论（以阎达五、杨纪琬教授为代表人物），大致就是今天流行的财务会计学派与管理会计学派的思想源头。

简言之，会计本质要么是信息，要么是管理。名家之论必然有一定道理，却不能给人一种拍案叫绝的满足感，他们更多是从财务会计职能看企业整体，而非从企业整体视角看财务会计职能。如果把这一定义套用到研发、产品、营销等业务职能上好像也是适用的。就像人体每一个器官发挥作用都离不开大脑的指挥协调一样，脱离企业整体谈论财务也会存在视角偏差和误解。作为一个在财经领域工作多年的一线操盘手，我尝试从企业整体业务或 CEO 财务视角，而非财务报表准则的视角，基于各位前辈大师的思想，提出一些新思考：

财务的本质是价值，是收益与风险的二元动态均衡。中国文化有“易有太极，是生两仪”“一阴一阳之谓道”“生生之谓易”“反者道之动”，为我们提供了一把解开财务本质之谜的新钥匙。财务就是“财富 + 业务”（它是通过业务赚取财富的事业或过程，从某种意义上讲，企业就是一个追求合理资源回报的财务组织），它有价值创造（收益）与风险管理（成本）两大核心特征。收益与风险就如太极的阴阳两仪，共同构成了一个生生不息、循环往复的企业经营管理新世界，它决定着企业诞生、成长、成熟、转型、重生或消亡等生命循环。因此，我把财务本质定义为收益与风险的二元动态均衡，但两者的不平衡是绝对的，均衡是相对的，两者恰到好处的均衡组合是中国文化中的中庸状态。一般而言，人们看到的钱、账、表、税等只是财务本质的表象，其实这些表象背后的本质就是价值或者收益风险的二元均衡，或者说财务就是价值的代名词，而价值包括有形的货币财富和无形的软实力财富。企业永远要在合理的收益与风险之间做中庸的均衡选择，就像汽车的油门与刹车缺一不可，这样企业才可走上长期可持续发展的道路。

财务是最关注企业未来总体资源经营效率与效益的。当然，资源有广义与狭义之分，狭义的资源说得通俗些，就是钱，而广义的资源则包括有形资源与无形资源、表内资源与表外资源。智能经济时代，企业的机制、体制、文化、能力、品牌、客户、员工、政策、数据、商机等表外无形资源已成为企业核心竞争力的主要来源。财务与会计不一样，会计关注的是过去数据信息的分类呈现，真实性是它的本质。企业整体财务绩效结果一般是由非财务因素决定的，会计只是事后将业务行为的过程与结果呈现出来的一种形式而已。美国通用电气公司前CEO杰克·韦尔奇曾说："商业的本质是赢。"我认为，财务的本质就是"赚"，即"业务要赢+财务要赚"，通俗来讲，就是"业务与财务同时好才是真的好"，二者一脉相承。

财务是一种思维，会计是一种职业。用老百姓的话来说，财务就是“一单业务划不划得来或赚钱与否的盘算或谋划”。其实，财务思维和客户思维一样，都是企业全体员工必须具备的通识思维，更是商业社会中，每个人都应具备的底层逻辑认知。而会计则是列入国家职业类别序列且具备行业标准的一种专门职业，非会计人员不懂会计是正常的，毕竟术业有专攻，会计并不是一种通识思维。从企业整体视角而言，财务是一个成就客户，并获得合理投资回报的事业，也是政治学、哲学、数学与管理学等的综合体，财务最看重企业整体的成长性、回报率与稳健性。因此，从更高维度来看，我认为财务是一种通识思维而非职业，会计是一种专门职业而非通识思维。

企业是一个配置各类有形无形资源去获取经济利益的商业组织，也是一个由所有利益相关者组成的利益共同体，同时还应是一名优秀的社会公民。每一家企业的业务都可看作一种涉及七个市场、七类资源、七种商业模式、七种价值、七种利润来源的复合智慧竞争，只是权重不同而已。财务部门是金融市场、政府市场、资本市场、数据市场的前台主角，也是产品市场、服务市场、文化市场的后台配角。把财务部门定义为后台成本费用中心的传统观念可以画上句号了，财务部门是真正意义上的利润中心或价值创造中心。

财务和业务一样，也有财务经营与财务管理之分，相对传统财务管理而言，我更喜欢财务经营。财务经营侧重价值定义、设计、创造与实现（产品服务利润 + 投资收益 + 金融利润 + 政府补贴 + 税务收益），它是企业生产力的集中体现。财务管理侧重价值保护、计量、报告、评价与分配，它的核心内容是分好权 + 分好责 + 分好钱，具体包括组织设计及职责分工、资源配置及预算管理、绩效评价及分享机制、会计核算及信息披露、内部控制及风险管理等，旨在打造一个高效率低成本的优秀团队与卓越组织，是企业各种生产关系的集中体现。企业财务管理绝不是对财务部门自身的管理，而是代表公司从整体视角对财富创造及分配过程的宏观管理，目标在于让公司成为一家合规经营且受人尊敬的企业，主要手段是定制度、出政策、划红线与管偏差。因此，作为覆盖全价值链的财务经营管理输出成果，一般应包括四份财务类年报，即财务会计年报、管理会计年报、内部控制年报、税务管理年报。可遗憾的是，不少企业财务部门在管理会计年报与税务管理年报方面是欠缺的。

这是一本关于业财如何融合的书。美国著名的管理会计学家托马斯·约翰逊与罗伯特·卡普兰曾写过一本《相关性的遗失：管理会计兴衰史》，两位卓越的学者在这本书中首次提出了管理会计相关性遗失的宣言。其大致含义是，基于会计准则的财务报告、外部审计类会计信息与业务经营管理决策的关联度大大降低了，通俗地说，就是业务与财务分离了，业务不知财务在讲什么，财务不知业务在干什么，各有各的话语体系。当下很多企业财务部门被戏称为“表哥表妹”部（只做三张会计报表的部门），服务企业经营决策的管理会计内容很少，便是这种业财分离现状的真实写照。然而实际上，业务与财务就如一枚硬币的两面，是无法分离的整体。

作为一名在财务金融一线工作多年的银行信贷主管及企业 CFO，我非常赞赏财政部于 2014 年下发的《关于全面推进管理会计体系建设的指导意见》，它是推进中国企业“业财融合”的一股春风。这份里程碑式的文件引发了我对“业财分离”的探究及如何实现“业财融合”的深度思考，本书便是我这方面的思考心得之一。

这是一本写给财务同仁的书。作为财务人，我们都经历过太多的纠结、困惑与迷惘，常常面对经营的压力与价值观的冲突，财务江湖里谁不曾是欢笑与泪水双飞，沉默与孤独常伴？我想，造成这一局面的原因是多方面的，但财务人自身应负主要责任。不少财务人总习惯以数据报告为武器，喜欢就事论事，以数字分析数字的风格，非常不受业务伙伴待见。其实，每一个数字都有温度，它们都是企业全体员工辛勤拼搏的呈现。外部的风云变幻及内部的酸甜苦辣都凝聚在这些不会说话的数字中。财务人员当然不应对其无动于衷。

不少财务负责人不善于从企业整体及行业视角去揭示每个数据背后的业务场景及事实结论、战略及模式的优劣、核心竞争优势的强弱、业绩波动的内外部原因、组织效率与优化的必要性、产业链与价值链重构的合理性等。他们常常开口谈制度、准则、成本、风险、内控、预算，很少思考如何用财务思维及工具帮助业务伙伴成就客户、完成基于公司战略目标的 KPI 指标并帮助公司实现战略的高效落地，他们喜欢把自己看作数字人、风险人、成本人、资源人、审计人、理性人，在如何让自己成为战略人、价值人、产品人、营销人、经理人、资本人等方面反而思考不多。日常工作中，他们常常埋头拉车做实事第一、抬头看路谋大局第二，制度规则导向第一、业务成功导向第二，常常迷醉在数字与报表的“职能陷阱”里而不自知，从而导致“业财分离”的程度越来越严重。作为企业核心高管的 CFO，必须将企业“端”到“端”的整体成功视为自己的第一 KPI，必须时刻拥抱“成就员工成就客户，然后成就公司成就自己”的业财融合价值观，既当好企业的商业银行行长与数据银行行长，更要成为公司价值设计师、首席财富官，甚至是最关心公司可持续发展的首席未来官、首席风险官，当然，CFO 也是企业里说“NO”最多的高管了。财务是关于公司组织及个人家庭生存智慧的哲学，而本书是一个 CFO 的自身转型成长历程的阶段性小结，相信它能带给同行朋友一些有益的启发，并帮助各位在职业发展道路上越走越远。

这是一本写给业务伙伴的书。不少企业业务部门对财务会计部门的误解根深蒂固，他们常常把财务与报表画等号，误认为财务部门的日常工作就是足不出户做报表、严格三查审费用、挑三拣四找问题、讨价还价盘预算、大会小会讲风险等，似乎除了编报表、审费用就没有其他价值了。至于财务战略、资本结构、盈利模式、价值链整合、风控模型、税务筹划、政策研究运用等“高级活儿”则是业务伙伴常常看不到的，加上财务人一般性格内向、不善言辞，且从不对外谈论敏感信息，造成了业务伙伴和财务伙伴间太多的误会。我在这里仅谈论三个观点，业务伙伴或许就会释然许多：

第一，财务其实就是业务的货币表达，从来没有可以离开财务的业务或者离开业务的财务，大家都是同一条战壕里同生死共患难的兄弟战友。业务与财务就是公司经营的一体两面，财务就是用钱来描述的业务，实质上是同一件事的不同表述。如企业的三大经济活动——经营、投资及融资，既是业务也是财务，二者是不能分开的。

第二，企业商战是一场始于战略终于财务的资本游戏，企业就是一个展示筹钱、花钱、赚钱与分钱游戏故事的商业大戏台，有的精彩纷呈，有的苦涩难堪。从某种意义上说，“玩”钱就是公司的主营业务，公司就是一个追求投资回报的大财务组织。公司所有资源都是钱的不同存在形式而已，公司的每一个业务人当然也是财务人。

第三，每家公司都应有三支财务经营团队和一支专业财务管理团队。财务经营团队包括以 CEO 为首的高管层组成的大型战略财务团队（对公司资本及资源经营总回报目标负责），前、中台业务伙伴组成的中型业务财务团队（对产品及服务利润目标负责），财务伙伴组成的小型财务经营团队（对金融利润、投资收益及非经营性收益等负责）；另外还应有一支负责“账表钱税审”管理的专业职能团队，他们一般不参与具体的经营决策，主要履行服务公司经营的大财会咨询服务与专业管理职能，是公司的财务专家顾问团队。CEO 是企业投资财务回报及所有重大战略财务决策的第一责任人，也是企业战略财务与业务财务的第一负责人，而 CFO 或财务总监则是企业战略财务与业务财务的第二负责人、金融财务及专业财务的第一负责人。

总体而言，CEO 财务与 CFO 财务就是企业整体财务视角的代表，它包括出资者财务、经营者财务、合作伙伴财务、员工财务及政府财务等所有利益相关者财务，但目前不少公司的财务服务主要是出资者财务与经营者财务，而其他利益相关者财务基本是一片空白。上述团队结构是很多优秀企业倡导的“业务人员财务化、财务人员业务化”的生动体现，本质上，业务与财务是彼此相互成就的最佳合作伙伴，这是最高层级的“业财融合”。

这是一本写给准备进入财务职场的年轻朋友的书。财务职场应是你们未来脚踏实地精耕细作的职业稻田，它是温暖的，那里有志同道合的朋友，可以一起相伴成长；但同时也是残酷的，如逆水行舟，不进则退。我建议年轻朋友从进入财务职场的第一天起，在保持纯真、刻苦、认真与好奇的同时，要尽快将天马行空的想法调整为聚精会神的专注状态，同时，要早日练就自己“没有批评就是表扬”的财务胸怀，以及“功居人后、利让人先”的隐形冠军心态。当然，财务同任何事物一样，是有职能边界的，千万不要把成为精致利己主义者作为自己的职业目标，不要让财务算计进入人的精神领域，不要把人生当作一笔生意。人生应该有更宽广的生命内涵，一定要在利他中利己，一定要在个人财务回报与社会责任感之间建立起良好的平衡，这样德才兼备的你才能在职场路上走得更稳更远。

此外，我还要特别送给年轻朋友最重要的职业五问：业务及财务的本质是什么？公司的战略及商业模式是什么？行业的关键成功要素是什么？公司业务的财务特征是什么？公司独特的竞争优势是什么？时时用心思考并向资深业务伙伴请教以上五问，在项目案例中不断思考这些问题，积累经验，最终才能成长为职场中的佼佼者。

《论语》有言：士不可以不弘毅，任重而道远；人能弘道，非道弘人。30年的财务生涯应该不算短，那些历历在目且时代感极强的忧喜悲欢的故事已成为我人生中最珍贵的财富。我想现在是静下心来好好总结、复盘的时候了。这是一本学术性偏弱，但实务性较强的书，书中的内容大都源于我对工作的反省、思考与总结，也有不少是与业界朋友们交流时碰撞出的思想火花。书中部分内容的浅薄或许是显而易见的，某些观点之间也许有矛盾的地方，请读者朋友们擦亮眼睛，有选择地阅读借鉴，期待大家的批评指正。

财务是企业的小金融，金融是社会的大财务；财务知识博大精深，财务乃千秋大业之基石。回顾自己30年的职业生涯，我一直都在与钱打交道，每天关注与张罗的事无非就是市场筹钱、用户花钱、业务赚钱、伙伴付钱、银行还钱、会计算钱、税务交钱、政府补钱、企业捐钱和利益相关者分钱等要事、难事与琐事，这也令我深感财务工作从来就不是一个简单的技术活儿。一般人眼中的财务是很枯燥无趣的，钱或资源讲起来很简单，但在普普通通的钱或资源的背后关系着用户的信任与选择，员工、家庭及国家的幸福与安宁，企业决策质量的高低，竞争优势的大小，公司地位、品牌形象的优劣，股东管控权与企业文化的匹配，战略与模式逻辑的财务验证等。可以说，财务就是一幅个人、企业与利益相关者关系总和的全景图。它是一门用稀缺资源创造价值的通识学科，也是一项事关个人、国家与民族幸福的大事业，值得在全社会重视、传播与大力推广。

近3年，我曾在上海国家会计学院领军人才班及中国宝武集团、金蝶集团、北京互联创新工场等部分知名企业的高管培训班上多次介绍过本书的内容，也应邀做过多场公益性专题报告，并因此获得很多积极的反馈与鼓励，真诚希望本书的出版没有辜负各位的期望，更希望它能为提升中国企业经营管理水平做出一点小小的贡献。展望未来，我将同各位良师益友一起，继续解财务之惑、寻财务之道，并将财务新思维分享给来自市场一线的决策者，这也将是我人生新阶段回报国家与社会的新使命之一。

以上便是我撰写本书的初心，是为序。

黄旭斌

2023 年 1 月 1 日

目录 Contents

第一章 财务的前世今生

01 财务的本质是什么

马克思主义哲学认为：事物的普遍性寓于特殊性之中，共性存在于个性之中并通过个性表现出来。财务的普遍性就是财务的本质，财务的特殊性就是与财务有关的财务现象。

财务是一门如何创造价值的学问，它的本质是收益与风险的二元均衡。财务其实就是业务的货币表达，财务与业务就如硬币的一体两面，它们是企业内部阴阳两股力量的对立与统一："阳"专注服务于外部用户（客户），目标是创造收益；"阴"专注于提升组织运营及资源使用效率，目标是企业整体成本最优化及风险最小化。企业的业务与财务共同构成外部用户的产品服务方案，几乎同步参与了产品服务方案的预研、论证、立项、开发、量产、上市及退市等全过程。产品成本及定价、商务条款设计、风险补偿、支付方式、税务安排、售后服务承诺等，都是产品或服务方案的核心组成部分，项目或业务中的财务代表实际上起到财务内容类产品经理的作用。因此，财务的本质就是收益最大化与风险成本最小化的和谐统一，直接体现为合理收益与合理风险的最佳组合，这种恰到好处的内部均衡可看作一种“和而不同的中庸”境界。

收益有财务与非财务、宏观与微观、短期与长期之分，并不专指货币性收益。如品牌力提升、竞争优势扩大、组织能力成长、价值观传播等非财务收益在短时期可能没有货币型财务收益，但它一定会转化成企业未来的财务收益。

财务本质上是一种思维，万事万物的背后都涉及收益与风险的估算与权衡，盈亏或得失的综合预测结果往往是最重要的决策依据。因此，在资源稀缺的社会里，财务思维就不是企业或财务人员的独占品，而是所有人都必须具备的一种通识思维与底层逻辑认知，适用于几乎所有的商业组织与非商业组织。

财务有经营与管理之分，每家企业都应有三支财务经营团队及一支专业财务管理团队。财务首先是一项整体性的资源经营与管理活动，它覆盖了企业价值定义、价值设计、价值规划、价值创造、价值实现、价值报告、价值评价、价值保护及价值分配的全过程。财务经营侧重价值定义、价值设计、价值规划、价值创造与价值实现等，与收益直接相关，包括战略财务团队、业务财务团队与金融财务团队；财务管理侧重价值评价、价值计量、价值报告、价值保护与价值分配，与风险成本效率相关，包括专业财务管理团队。因此，CEO是企业战略财务及业务财务的第一责任人，CFO或财务总监是企业战略财务及业务财务的第二负责人、金融财务及专业财务的第一负责人。

财务部门是企业金融市场、资本市场、政府市场、数据市场的前台主角，是企业的利润中心，同时也是企业产品市场、服务市场、文化市场的中后台支持者，也可将其定义为成本费用中心。

以企业财务为例，我们先大致了解一下企业的财务管理框架（如图1–1所示），再来探讨财务的本质特征，应该是水到渠成的。

从图1–1可以看出，企业是一个追求价值最大化的商业组织，它有业务与资本两条创造价值的主线，人们一般认为“业务运营是爬楼梯，资本运营是坐电梯”：通过产品（服务）与资金运营赚钱，以及通过资本赚钱，当下卓越的企业无一不是在产品（服务）经营、资金运营与资本经营三方面都有优秀表现的企业。透过现象看本质，我们可以从不同视角来了解财务的本质。

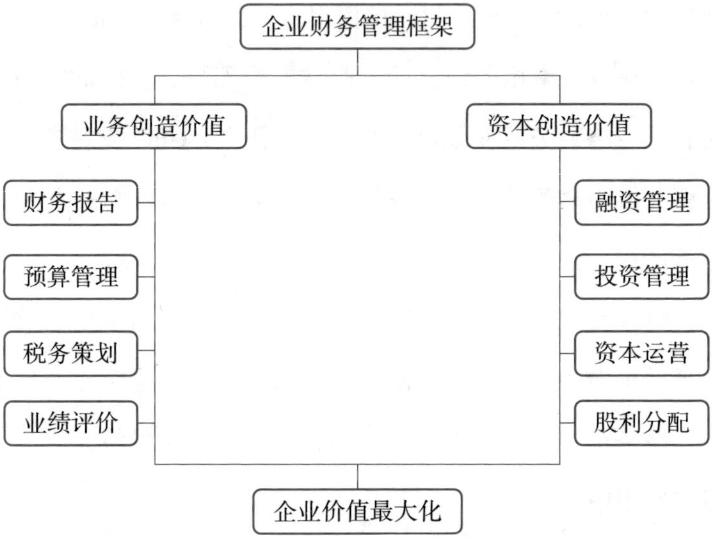

图 1-1　企业财务管理框架

财务是钱的运动，它通过经营业务与资本获取财富，反映了以钱为中心的资本循环过程“借钱—花钱—赚钱—分钱”。

基于财务本质的决策管理模型

一般而言，企业战略就是要明确企业该做什么不该做什么，找到最可能成功的业务方向及路径。企业战略决策如此，其他商业及非商业的战略决策亦如此。企业要实现赢和赚的终极目标，一定离不开基于财务本质的决策管理模型。

企业战略决策就是收益与风险组合的择优选择，它是财务本质及商业逻辑的具体展开及落地。企业的收益风险组合一般有以下 4 种：①高收益低风险；②高收益高风险；③低收益低风险；④低收益高风险。如图 1–2 所示。由图可知，最艰难的选择是组合②和组合③，两者取决于市场环境、企业自身条件及成功概率的预判。不管市场未来情况如何复杂，该模型会给出基于未来假设的具体量化决策依据。

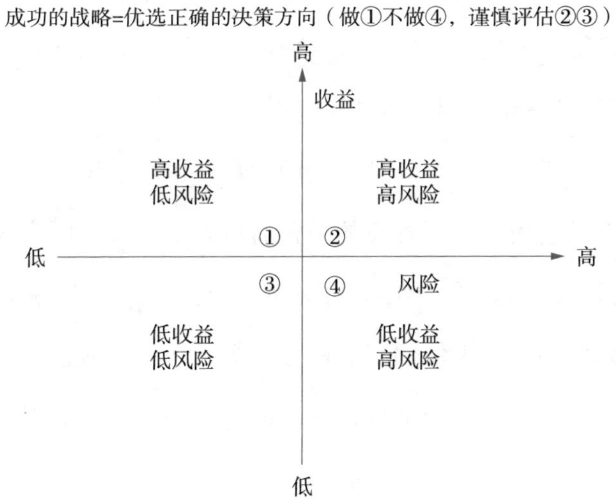

图 1–2　企业决策管理模型

企业战略及商业模式必须符合以下财务逻辑：

（1）项目或业务净利润≥0（收益>风险或收益能覆盖风险）；

（2）项目或业务的净现金流≥0（现金性收益流入>现金性成本流出）。

让业务赢的方法就是先做强后做大，胜兵先胜而后求战者胜。让财务赚的方法就是先不输（管好风险），后求胜（等待对手犯错），败兵先战而后求胜者败。

财务是管理并支持未来决策的，全面经营预算则是将企业未来发展的不确定性变为确定性的桥梁与工具。当然，所有决策管理背后的逻辑仍然是基于未来战略假设前提下对收益与风险的预估与权衡，所有的业务经营计划都必须在合理可行财务目标的牵引下去制定落实。

综上所述，财务既是专业的学科，也是通识的学问。财务逻辑是适用于各行各业的一种通识思维。大到国家大政方针、行业政策、企业战略的决策，小到个人如何说好一句话，如何选择人生伴侣与职业方向等，无一不涉及决策背后收益与风险的谋划与估算，它有助于我们不仅知其然，还知其所以然。

财务之眼——以全景视角看产业经营

在我看来，一家企业的 CFO，应该是除 CEO 外，最有全局观念的人。企业资源流向哪里，为什么要流向那里，回报、风险如何，如何整合价值链资源，绩效如何……CFO 如果没有财务全局观（如图 1–3 所示），是很难做好企业经营管理的。

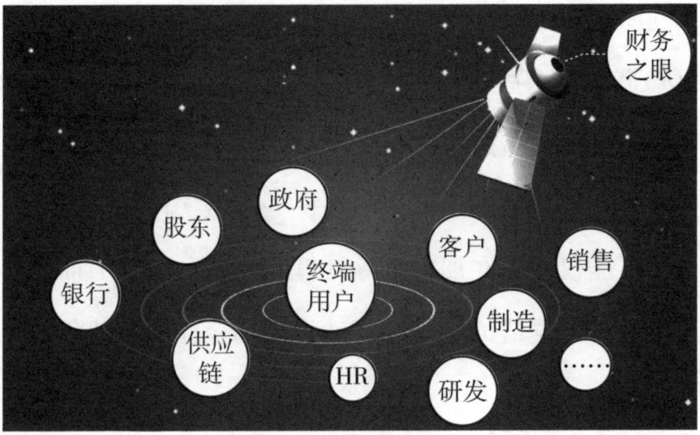

图 1–3　财务全局观

我们要从整体来看企业经营，而不是仅从制度和报表视角去看。管理会计，实际上就是决策与运营，涉及业务前中后的每一个环节。钱在哪里、风险在哪里、价值在哪里，管理会计就一定在哪里。所以，不要把管理会计理解为会计，它是基于大量财务工具运用的运营决策，是为企业经营决策服务的管理活动。

财务新使命——为价值而生

首先声明一下，本节的内容是基于我自己多年工作经验所得。过去，财务工作大多只是报告价值创造过程，包括收入、利润、现金流。现在，为了让财务工作上一个台阶，我们要知道企业这些价值创造的要素是什么，风险又是什么。我们要对价值创造过程进行管理，即开展开源节流及增收节支工作。我们要做好经营，做强税务，做实内控。未来，财务工作不能仅停留在加减乘除计算和经营分析上，而是要慢慢上升到价值创造的阶段，驱动和规划企业的价值创造（如图 1–4 所示）。

财务管理者要成为企业的价值设计师，考虑企业的战略布局、业务组合，未来 3 年商业模式要做哪些改变等问题。遗憾的是，一些企业的财务管理者在这些方面做得还远远不够。

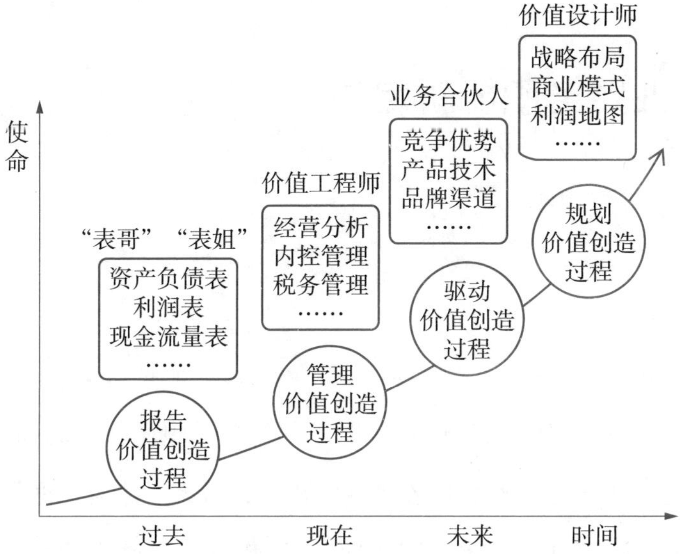
价值设计师
战略布局
商业模式
利润地图
……
业务合伙人
竞争优势
产品技术
品牌渠道
……
价值工程师
经营分析
内控管理
税务管理
……
"表哥" "表姐"
资产负债表
利润表
现金流量表
……
使命
报告价值创造过程
管理价值创造过程
驱动价值创造过程
规划价值创造过程
过去
现在
未来
时间

图 1-4 财务使命

02 企业财务职能新定位

企业财务职能定位不是财务部门自己想做什么的问题，而是从公司整体经营的宏观视角出发，考虑财务应该做什么的问题。因此，我们至少应该从经营哲学、战略学、经济学、管理学、信息学、人力资源及市场学等维度来给企业财务职能定位。

企业财务的核心价值及职能边界应涉及以下几个领域：

哲学——清晰阐述企业存在的使命、目的与意义。

战略学——明确企业资源配置的方向及范围，即业务组合设计。

经济学——追求企业有限资源投入产出效果的最大化。

管理学——用好资源打造技术、效率、品牌等独特的差异化竞争优势。

信息学——清除信息不对称，管控企业风险。

人力资源——建立机制让员工可变知识资本价值最大化。

市场学——洞悉市场需求，创造用户价值。

从企业资源管理的视角和业财融合的发展趋势来看，核心财务职能至少包括以下内容（如图 1–5 所示），并可归纳为四句话，即“缺钱了怎么借，有钱了怎么花，花钱了怎么赚，赚钱了怎么分”。

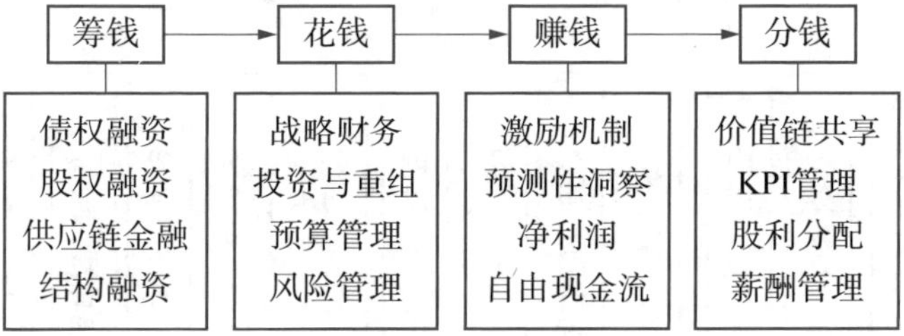

图 1–5 财务职能

按照财务职能特性及公司经营发展需要，企业财务的职责包括：

财务会计——数据可靠性；

管理会计——业务相关性；

内部审计——评价独立性；

公司金融——公司稳健性；

资本运营——战略可持续性；

外部监管——业务合规性。

企业财务职能应该内生于企业战略规划、实施、评价的全过程，外联市场的风云变幻，内接伙伴们的酸甜苦辣。企业财务职能模块如图 1–6 所示。

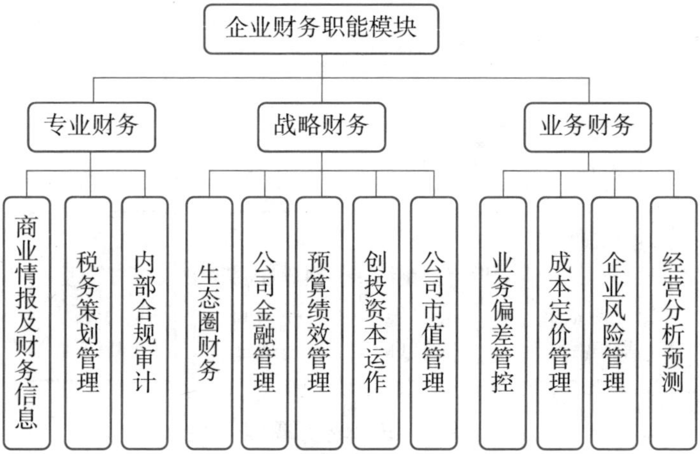

图 1–6 企业财务职能模块

综上所述，既然企业财务职能已经发生了新的变化，对于企业 CFO 来说，未来的挑战更大，要求也更高。C2B 时代，企业 CFO 的角色变得越发重要，其重要性是不言而喻的。

我常与我的财务伙伴们说，领导没要求并不代表他对你没需求，财务伙伴们要更加积极进取一些，主动展示出自己解决复杂问题的高超能力，你的影响力也会因此而与众不同。我心目中优秀的CFO，除传统定义外，还应是首席预测官、首席财富官、首席资本官，以及首席未来官。

03 财务部门必须是企业的价值创造中心

一般来说，企业财务部门都被大家理所当然地认为是后台费用中心，这是传统商业社会对传统财务的典型定义。但现如今这种理解与认知还正确吗？我们来认真分析一下这种观点的欠缺之处。

“企业六流”与财务职能内涵重构

一个企业的全部经营活动一般由传统的“商流”（商品价值运动）、“物流”（商品实物运动）、“资金流”（资金收付与结算）、“信息流”（企业经营过程中各种信息在计算机系统与通信网络中的流动，互联网技术的发展让信息流可以与人流、物流相分离，从而形成新产业与新商业模式）、“人流”（消费者或用户的获取、留存等流动与经营），以及“政务流”（各级政府审批、办证、特许经营等一系列活动，以获得特殊资质及牌照等带来的特殊收益，但有的中小企业可能没有此类业务）组成，以上合称为“企业六流”。企业每一笔业务都涉及“六流”，它们之间互相依存、互为条件、相互融合，成为企业价值创造的载体与源泉。上海交通大学经济管理学院任建标教授按照以上各“流”的性质对中国经济形态做了颇具创意的新分类：实体经济 + 虚拟经济 + 政府经济，企业经营与国家经营一样，其实就是以下六个“流”的混合经营：

实体经济 = 人流 + 物流；

虚拟经济 = 信息流 + 资金流；

政府经济 = 商流 + 政务流。

因此，企业价值源泉已不再只是传统的实物产品与服务，实体经济、虚拟经济及政府经济领域都应该是企业价值的新来源，传统企业的“单流”盈利模式必须重构。根据财务在上述“六流”中的角色作用分类，我们可按照财务经营与财务管理来重新划分企业财务职能（如表 1-1 所示）。

表 1-1 企业财务职能划分

	财务经营	财务管理
“六流”类型	资金流、信息流、政务流	人流、商流、物流
财务定位	利润中心	成本费用中心
核心能力	金融风控、信息科技、政策研究运用	资源保障、营运支持、风险管控
组织架构	前台经营单位	后台职能部门

“七个市场”与财务部门位置前移

人们一般根据企业提供的产品（服务）将企业分类至某一细分市场或行业，如第一、二、三产业的划分、银行行业政策分类、IPO 产业分类等无不遵循上述标准。实际上，从企业经营多维度多领域的内容来看，上述分类是极不准确的。从上述“企业六流”的分析来看，每一家制造企业至少涉及六个行业，即制造业、服务业、物流业、信息行业、金融业及特许经营行业。同时，从企业经营涉及的市场广度来看，我认为一个企业的经营活动其实涉及“七个市场”，即政府市场、资本市场、产品市场、服务市场、金融市场、文化市场及数据市场。

企业财务部门是企业资本市场、金融市场及政府市场的前台主角，也是产品市场与服务市场的中台后台配角。显然，我们将企业财务部门定义为后台费用中心是简单粗暴且不合理的。

经济社会的本质是依赖资金与信息的流动来维持国家社会及组织的良性运转的，过去“羊毛出在羊身上”的“单流”盈利模式已基本淘汰。企业经营必须高度重视“六流”的混搭经营，丰富自己多元的盈利模式才能创造出新的价值。随着“六流”与“七个市场”的深度融合，财务经营的理念与实务会大行其道。企业金融资产、信息数据资产以及政府关系资产已成为公司核心资产，也是企业效益的重要来源之一，财务部门应该是企业当仁不让的前台主角。因此，财务人既要当好足球场上的守门员，管好风险，还要在必要的时候代行前锋角色，攻破对方球门，为企业创造价值。

财务部门作为企业后台费用中心的“前世”时代早已终结。财务人要大胆对“财务后台论”说“不”，并积极地走向市场客户一线，成为“今生”时代的价值创造中心。

第二章

会『说话』的财务与经营逻辑报表

01 各位 CEO，你清楚自己公司的家底吗

资产负债表到底讲了什么

1. 资产类指标

资产类指标主要反映了公司投入资源的配置顺序及结构安排。它是公司战略、商业模式、经营计划的货币表达，一般由公司董事会及 CEO 领导的高管层负责决策与管理。公司的业务组合一般通过资产组合来体现，当然，公司资产应该配置在自己最有竞争优势的业务，即核心“产粮”区，否则就是资源错配。

（1）固定资产

一般来说，公司固定资产占总资产比重超过 50%，说明这是一家以重资产运营为主的公司，其财务特征是高固定成

本、高边际贡献率、低周转效率，其风险是当经济下滑时，需求下降导致边际贡献额不能覆盖固定成本，容易造成亏损甚至破产重组，正所谓“船重难掉头”。重资产公司一般的经营策略是：追求规模、维持高产能利用率、保持行业竞争地位和定价权，这也是公司在经济上升时期顺周期发展的有效策略。

如果公司固定资产占总资产比重低于50%或者更低，我们一般将其定义为轻资产公司。如当下的阿里巴巴、腾讯等互联网公司，其财务特征是低固定成本、高资本周转率，行业资产进入门槛相对较低，在达到引爆点之前，需持续投入营销及获客成本，一旦达到行业领先水平，便可形成竞争壁垒，持续获取经营收益。公司经营策略灵活高效，应对外部风险的能力也会相对较强。

从资产负债表角度来看，商业模式可总结为一句话：重资产公司须顺势而为，轻资产公司可逆风飞扬。

一家公司要想持续健康经营，在业务及资产管理方面的战略思考应是：“吃着碗里的”（现在的主营业务），“看着锅里的”（正在培育的主营业务），“想着土里的”（布局未来的主营业务）。“碗里”的业务对应的资产体现在“固定资产、存货、应收账款”等科目中；“锅里”与“土里”的业务对应的资产一般体现在“长期投资、在建工程、无形资产”等科目中。例如，有的企业投资参股商业银行、区块链公司，表明该企业在向金融及互联网技术产业布局。

（2）流动资产

流动资产如同一把“双刃剑”，它既是企业变现能力较强的资产，也是容易造成坏账或跌价损失的资产，有人说“存货是企业的坟墓”，公司资产损失大多来自存货的处置，存货管理是公司流动资产管理的重中之重。

偿付能力仅次于现金的高流动性资产，是企业保障流动负债按期兑付的基础资产。

与同行企业相比，如果一家企业以更少的流动资产取得一样的营业收入，或者以相同的流动资产取得更多的营业收入，表明这家企业的经营效率更高、很会做生意，即所谓“货如轮转，客似云来”。

从企业应收款与应付款的一般比较来看，应付款大于应收款的企业是善于利用外部资源发展壮大自己且具有很强竞争力的高效率企业；而应付款小于应收款的企业，则是核心竞争力较弱且粗放经营的低效率企业。

（3）现金及现金等价物

现金及现金等价物是企业可直接动用的支付手段或硬通货，是确保安全的最核心战略资产，当然也是收益率最低的资产。实际上，现金流量表只是资产负债表中现金科目的一个详细附注，它对企业在一定期间内的经营、投资、融资现金流的增减变化情况做出了一个清晰的说明。它的重要性不言而喻，但它的数额不宜过高，也不宜过低。

2. 负债类指标

公司债务一般分为经营负债与金融负债，人们常说的“十个杯子五个盖”，指的就是公司债务管理。

在一般的市场经济国家，企业生产要素（资本、劳动、土地、技术等）的配置是通过市场去完成的，其中的资本要素则是通过资本市场（债券市场与股票市场）及金融市场（以银行为主导）配置的。

3. 资产负债比例类指标

资产负债表是公司资产资本结构的总体反映，我们既要管好资产负债总量指标，也要管好资产负债的结构指标。其中包括资产负债率、产权比率、流动性等指标。

资产负债率不要高于行业平均水平，要符合银行授信评级要求。产权比率是负债总额与股东权益的比值，反映股东权益对债务风险的承受能力。如果借入资金的收益率大于平均负债利息率，则企业可以从融资杠杆中获益。流动性指标是衡量企业履行财务责任的能力指标，很多企业倒闭的主要原因是流动性危机，即资金链断裂。

很多企业业务成熟，利润也很好，却因为资产难以及时变现或再融资能力差而不能偿还到期债务，导致企业破产关闭。利润不是真实的货币，只有现金才是。企业只能用现金，不能用利润去还债，这本是一个常识，但不少 CEO 常用短期借款去做长期投资，即“短债长用”，认为只要业务有利润就行，结果导致企业资金链断裂。资金管理能力与风险管理能力永远是企业的核心竞争力之一，也是外部银行评级最看重的预警指标之一，谁轻视它，都将付出惨痛代价。

资产是承载战略的有力武器

资产就是实现战略意图的武器，它具有保值、增值的内在要求。企业要实现其业务战略，不能光凭想法，还要落实到具体的战略物资上。所谓的战略物资，就是我们平常所说的现金及现金等价物、流动资产、固定资产、长期投资等承接公司战略的核心资产，这些“武器”是企业有别于竞争对手的资源条件，它们的重要性和结构在不同的企业中有不同的作用与意义，我们可以通过资产结构的不同对企业的属性或竞争力强弱作出基本判断。

流动资产是企业的血液

现金及现金等价物是企业支付能力的体现，是企业的血液。拥有一定量或来源的现金及现金等价物是企业的“生理性需求”，同时也是刚性需求。企业 CEO 应每天了解自家企业账上有多少现金。没有现金流的企业没有今天，没有利润的企业则没有明天。

流动资产中最重要的两项资产是应收账款与存货，应收账款由企业所在行业、商业模式、竞争力、企业商务条件等因素决定。应收账款相当于给客户发放的贷款，是企业今天现金的来源，它本质上是在价值链上的话语权大小，它反映了企业竞争力和产品的竞争力。

存货是一种可变现的资产，是企业明天的现金来源，不同行业存货的表现形态不一。存货在生产性企业的形态主要表现为原材料、半成品、产成品，它必须控制在合理的额度内，比较通行的管理指标是存销比（库存金额占每月销量的比例）。产成品实现销售，存货就由一种生产成本转化为可获取的价值。

应收账款与存货，两者都具有较高的流动性和变现能力。通过销售和收回债权，将资金回笼并投入下一个经营周期。从资金投入到资金回收，通过计算效率指标，便可了解该类资产周转一圈所需要的时间，钱就如血液一样，通过新陈代谢的方式，实现企业的经营目标。

收不回货款的销售是无效的销售，是价值的毁灭。变不了现的存货是一种无效的资源投入。企业应尤为关注流动资产的作用与风险，做好权衡。

铲除固定资产中的“毒瘤”

固定资产是企业的一种生产力，也可能是企业的一种负担。固定资产是一项长期的资产占用，如生产性固定资产，它是企业的生产力。一般来说，固定资产的回收周期长，而那些不适应未来变化且不创造价值的资产，具有很高的风险成本。它们就像“烂苹果”，是公司的“有毒”资产，应予以及时清除。

02 损益表背后的管理智慧

任何事物都是复杂多维的，从不同视角去看事物会有不同的观点，当然任何事物也都是有前提条件的。当用不同的视角看同一事物，得出的结论大致相同时，我们才可以说，大家对该事物的认知是相对准确的。损益表中涉及众多利益相关者，如内部的业务部门、财务部门，外部的合作伙伴、监管机构等，只有这些利益相关者对企业利润指标的看法感知基本一致或有高度共识时，损益表才是值得信任且具有价值的。

从企业整体及长远视角分析损益表，我们才能深刻洞察损益表背后的数字信息，透彻了解“经营成就客户（收入与毛利）、管理成就员工（效率与成本）”的商业智慧，从而不断地提升企业经营管理水平。

数据信息（现象信息）

1. 财务数据

○ 绝对数：营业收入、成本费用额、经营性利润、缴税金额、投资收益、风险损失金额等。

○ 相对数：毛利率、费用率、净利率、收入成本率、人均费用、人均利润等。

2. 业务数据

○ 经营数据：市场份额、产能利用率、良品率、采购价格、应收账款、库存成本等。

○ 收入结构：客户收入、产品收入、渠道收入、区域收入、团队收入等。

3. 损益表中财务要素之间的逻辑关系

损益表首先是一张基于财务准则的会计报表，同时，它也是一张全面反映企业整体绩效的经营报表。如果按照收付实现制核算，损益表几乎可与公司的净现金流量表画等号。净利润 = 收入 – 成本 – 费用 – 税金 – 风险损失。损益表所展现的是几大财务要素之间的逻辑关系，而非因果关系，它并未揭示企业利润的真实来源，也没有告诉我们，究竟谁是企业价值的创造者与毁灭者。

净利润是企业产出维度的核心指标，它绝对数高低与企业的盈利能力并不能直接画等号。如果要对企业盈利能力做出客观评价，我们必须从以下方面做综合分析：

第一，结合企业投入的总资产、净资产，对企业投入产出效益做出评价；第二，评估企业目前所处行业水平（上游、中游或下游）；第三，与其他行业中的企业对比 ROA、ROE 指标；第四，对比净利润指标和净现金流指标，看看公司的净利润是否是货真价实的现金利润；第五，净利润是否是在合法合规，且符合社会公序良俗前提下的正当利润；第六，净利润中的主营业务利润与上年同期相比，是上升还是下降，业绩大起大落的企业一般不值得投资。损益表与财务要素之间的关系如图 2-1 所示。

抽象信息（智慧信息）

损益表直接反映了企业收益与风险的二元动态均衡，如同阴阳两股力量的持续博弈，在合理风险前提下实现的合理利润率。损益表告诉我们：天下没有免费的午餐，你想获得什么（收益），就必须先付出什么（成本）。

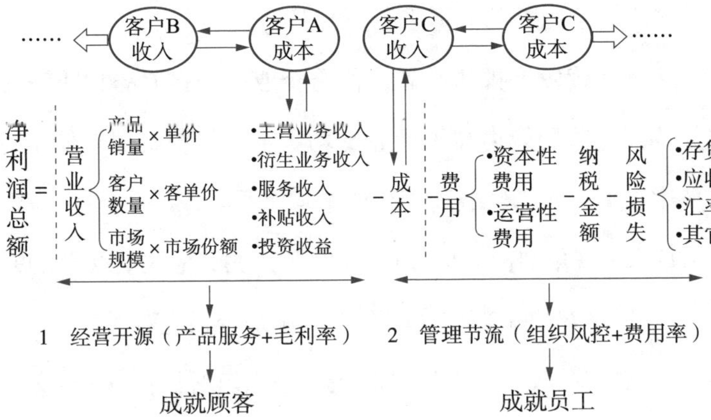

图 2–1　损益表与财务要素的关系

从企业价值源泉的因果关系来理解，产品与服务从来不是企业的核心竞争力而是后者的结果体现，持续创建优质资产是打造企业核心竞争力的永恒主题。一般来说，创造企业价值的核心要素要从表内外资产负债中去寻找：可能是损益表内的资产因子，包括独特的生产设备（如 ASML 的光刻机）、企业品牌、技术专利、特许经营权；也可能是表外的无形资产，包括高价值客户份额、优秀员工、卓越流程、政府关系、战略合作伙伴、高质量数据信息、独特的专业能力等；还有可能是正确的战略及商业模式、独特有效的激励机制、人才机制、用户至上的企业文化，以及以人为本的核心价值观等。损益表不能直接揭示企业利润的动因，我们需要通过多维度的内外部数据去分析与验证。

从可持续发展视角来看，优秀企业一般都具备以下三个财务特征：盈利能力高于行业平均水平；组织费用率低于行业平均水平；人均薪酬高于行业平均水平。

从未来视角剖析企业的可持续发展潜力，应注重以下3点：

○ 增量客户 + 新增合同金额份额是否领先对手；

○ 老产品收入 + 新产品收入是否均衡增长；

○ 员工薪酬增长是否优于行业水平。

从多维视角看企业投入产出效果，应注重以下6点：

○ 预算目标达成率与资源配置效果的投入产出综合评价（企业视角）；

○ 每股盈利（EPS）的合理增长是否优于行业平均水平（投资人视角）；

○ 企业业务成长与合作伙伴利益保护是否有口皆碑（供应链伙伴视角）；

○ 存贷款增长与企业健康程度是否匹配（银行视角）；

○ 业务成长及利润增长与合规运作、员工就业、税收增长等状况是否匹配（政府及监管机构视角）；

○ 企业经营效益的增长与客户价值创造是否匹配（客户视角）。

03 企业成功方程式

有这样一组统计数据：世界500强企业平均寿命40年，不到发达国家人均寿命的一半；中国500强企业平均寿命更短，只有10年；中国企业平均寿命只有3.9年，其中，小微企业平均寿命只有2.7年。

为什么一家企业想要持续发展如此艰难？企业生存发展之道究竟是什么？要创办一家百年老店到底有哪些关键要素？对于上述这些问题，我尝试从财务维度做一番探究，视角可能有些偏窄，但也算是抛砖引玉，我们先从一个常规但神奇的财务公式讲起。

提升销售净利率

聚焦“三核”——核心客户、核心业务、核心产品。企业要具有超越对手的客户价值持续创造能力，要永远牢记客户是衣食父母。

管控“二率”：毛利率（长期竞争优势的反映）、费用率（企业管理水平高低的反映）。

强化风险管控及税务管理，减少表内外损失（企业风险管理及税务筹划水平的反映）。

提升总资产周转效率

①流动资产周转天数要优于同业企业。

②营业收入增幅 / 运营资产增幅 >1。

③逾期应收账款 / 销售收入 <2%。

动态管控权益乘数

①资产负债率 <50%。

②有息负债与所有者权益比例≤ 40%。

③资产收益率 – 债务成本率 >0。

持续优化资本结构

①做优做强健康的高利润率业务（做乘法）。

②剥离重组亏损低效率的业务（做减法）。

③新兴产业布局及投资并购（做加法）。

追求高出同行的高市盈率 PE

①外部趋势与内部优势相契合的顺势而为型发展战略。

②未来一年业绩可预期，未来三年发展路径可展望，未来十年商业模式可想象。

③优秀诚信靠谱的管理团队，一流的人才培育及激励机制。

财务人都熟悉下面这个公式，即杜邦方程式：

公司价（市）值 = 净利润 × 市盈率 PE

= 净资产收益率 ROE × 净资产 × 市盈率 PE

= 销售净利率（市场杠杆）× 资产周转效率（经营杠杆）× 权益乘数（财务杠杆）×（健康企业净

资产－非健康企业净资产＋拟
新设企业净资产）（资本杠杆）×
市盈率 PE（战略杠杆）

备注：ROE= 销售净利率 × 资产周转效率 × 权益乘数；权益乘数 = 资产总额 / 所有者权益

这个神奇的财务公式打通了企业内部与外部、业务与财务等传统边界，充分揭示了企业成功的五个核心要素。我在分解时异常兴奋，但说起来容易做起来难。根据上述公式，假设在百分制条件下，每个要素都为 90 分，则综合得分 = 0.9 × 0.9 × 0.9 × 0.9 × 0.9=0.59，总分居然是不及格。一家企业要同时做好五个要素中的一个或两个已经很难，还要年年做好五个要素则更是难上加难。这大概就是基业长青型企业少之又少的原因吧。

04 如何正确解读财报中的企业文化

企业文化是20世纪80年代出现的一种新管理理论，它源于1979年美国作家埃兹拉·沃尔格的《日本名列第一》一书，沃尔格先生开创了企业文化研究的先河。企业文化有时会给人一种虚无缥缈的感觉。但实际上，企业文化无处不在、无时不有，从企业愿景与使命到招聘用人与绩效考核，再到企业制度与员工行为规范，都是企业文化的具体表现。在这些具体表现背后，隐含着一套评判对与错、是与非、利与害的价值准则，即企业文化的核心内涵。其实，财务是无处不在、无孔不入的。有风险的地方就有财务，有钱的地方就有财务，有人的地方就有财务。那么，我们如何从财务视角准确理解并领会一家企业的企业文化呢？

企业文化的内涵

企业文化是一家企业的意识形态系统或行动指南，是“上下同欲者胜”中的那个“欲”，是指引企业未来发展的信念 GPS，其关键词是“信念 + 使命”。

企业文化也是一家企业全体员工的工作行为习惯。华为一直倡导“客户至上”，要求员工“眼睛盯着客户，屁股对着老板”，从而造就了企业风清气正的工作氛围。阿里巴巴打破西方企业“股东价值最大化，企业利润最大化”的传统教条，首次提出了“客户第一、员工第二、股东第三”的价值观及行为规范，阿里巴巴的成功与它独特的企业文化是分不开的。

企业文化的内涵是多种多样的，不同的企业有不同的企业文化。一般来说，企业包含了 6 组最重要的内外部生产关系，企业文化的核心价值就是要找到上述利益相关者的最大公约数，将大家凝聚起来，组成一个强大的利益与命运共同体，去赢得商业竞争的胜利：内部包括企业与员工，企业与股东；外部包括企业与用户，企业与公众，企业与合作伙伴，企业与政府。结合许多成功企业的企业文化建设经验，以下 7 种文化元素具有普适价值，值得参考借鉴：

1. 诚信（为本）

不说假话，不做假账，不偷窃，不骗人，不虚夸产品功能，不虚构品牌故事。

2. 用户（至上）

用户是企业存在的唯一理由，是企业的真正老板和绩效考核官。

3. 创新（制胜）

创新是多元的，它包括产品技术创新、商业模式创新、管理机制创新等，但很多人认为创新就等同于技术创新，这一观点显然是落伍的。

4. 团队（协作）

团队成员只有同心、同德，企业才可能获得胜利，而那些基于金钱利益合作的组织只称得上是临时团伙，奉行的是“有利则合，无利则散”的利益准则。

5. 公正（公平）

公正是社会健康发展必需的一种道德法则，也是商业社会有序运作的一种天然商道。一家做事不公正的公司，如一个不正直的人一样，总想着靠投机取巧、歪门邪道制胜，当然不值得被信任。

6. 分享（共赢）

企业只有与内外部利益相关者同心同德、尽心尽责，组成具有一流竞争力的产业生态圈，才有可能成为市场的赢家。“有福同享，有难同当”应成为每一位利益相关者都遵循的价值法则。

7. 责任（担当）

企业既是一个商业组织，也是一个传播民族文化的道德信仰共同体，它对公众、用户、员工、股东、伙伴、政府等都承担着一定责任，企业必须履行好自己的商业责任、社会责任和道德责任。

财务视角的企业文化解读

企业文化是可以从多方面去理解的，如老板决策、奖金发放、企业用人、用户投诉调解、合同违约处理等，但它们都只是局部浅层的表象。企业员工、用户及投资者等内外部利益相关者要想获得企业文化的整体准确系统的认识，基于近三年财报数据及核心比率走势的对比解读则是相对真实、完整、可靠的。

1. 诚信为本

①公司财报审计师的审计结论标准有无保留？如果结论为否，则可以断定这家企业是一家不诚信企业，自然也就无需再进行评价了。

②资产负债率、流动比、速动比及现金比等关键指标是否具备按时履约的财务实力（信守合约）？

③企业收入、利润增长是否与运营资产、流动负债增长匹配（业绩增长真实性）？如果后者快于前者，则一般是虚夸业绩、误导公众的低质量粗放增长。

④企业是否按时支付员工薪酬及供应商货款（信守承诺）？

⑤作为被告的公司诉讼案件及赔付金额是否逐年下降（诚信记录）？

⑥超出合理限度的内部关联交易金额是否逐年下降（利益输送）？

2. 用户至上

①产品或服务市场份额增长率是否快于行业及标杆对手水平（客户认可度）？

②公司所占的用户钱包市场份额是否处于领先地位（客户忠诚度）？

③高品质用户市场占比增长率是否快于标杆对手（优质客户认同度）？

④ NPS（净推荐值）是否领先同行（客户口碑）？

⑤行业市场利润占比是否处于行业领先位置（客户满意度）？

3. 创新制胜

①产品毛利率是否高于行业平均水平及标杆对手（差异化创新）？

②研发费用率是否高于行业平均及标杆对手水平（研发强度）？

③新产品收入利润占比是否逐年提升（产品创新）？

④产品利润、服务利润及资本收益等利润结构是否丰富多源（商业模式创新）？

⑤公司经营活动净现金流量是否持续大于扣非净利润（公司“造血”能力）？

⑥创新专利与发明专利授予数量是否逐年增长（技术创新）？

4. 团队协作

①销售净利率是否高于行业平均及标杆对手水平（主营业务价值创造能力）？

②组织费用率是否低于行业平均及标杆对手水平（组织整体运营效率）？

③员工人均薪酬水平是否高于行业平均及标杆对手水平（激励机制）？

④团队是否追求卓越极致的产品体验与服务口碑（经营理念）？

⑤公司资产减值损失金额是否逐年下降（团队风险管理能力）？

5. 公平公正

①优秀员工离职率是否高于行业平均水平或逐年上升（工作氛围）？

②新晋升人员是否具有一流的业绩、团队意识及人品才华（用人公平）？

③优秀团队及合作伙伴的评选奖励是否主要基于业绩贡献（绩效评价及分配公平）？

6. 分享共赢

①人均薪酬增长率是否快于企业利润增长率（员工分享）？

②人均培训费用增长率是否快于企业整体费用增长率（员工成长）？

③企业分红率是否高于同期国债收益率或存款利率（股东回报）？

④应付账款周转天数是否高于行业平均及标杆对手水平（客大欺店还是店大欺客）？

⑤少数股东投资回报率是否符合投资者的原初预期回报（善待小股东）？

7. 责任担当

①企业净资产收益率（ROE）是否高于行业平均水平（敬畏投资者、敬畏资源）？

②员工薪酬、政府税款、供应商货款及银行本息是否准时支付（合作共赢）？

③企业外部资信等级评级是否优良（社会责任履约评价）？

④违规处罚金额及谴责公告次数是否逐年下降（合规经营）？

综上所述，要透彻地了解一家公司的企业文化，既要善听老板之言，也要静观团队之行，更要洞悉财报之数。唯如此三者合一，你才算是真正读懂了这家企业。企业文化七大关键词如图 2-2 所示。

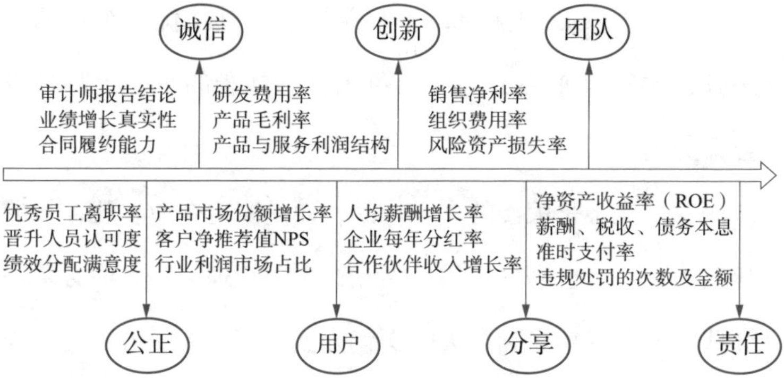

图 2-2 企业文化七大关键词

企业文化管理要点

优秀的企业文化是一家企业持久的核心竞争力，也是赢得社会各界支持的思想基础，离不开全体员工，尤其是企业中高层管理团队的长期坚守与身体力行。

企业文化既是自己过去成功经验的总结与提炼，也是未来持续发展的进化基础。例如有的企业坚持“客户为王”而成功，有的企业信奉“技术为王”而致胜，有的企业倡导“分享机制”而卓越。显然，不同行业的企业及同一企业的不同发展阶段，都各有其独特的企业文化，没有两家企业的核心价值观是完全相同的。遗憾的是，不少企业在梳理、拟定自己的企业文化内涵时，喜欢照搬照抄其他优秀企业的文字表述，奉行拿来主义，照葫芦画瓢，抄袭的东西大都是没有生命力的。

企业文化不是浪漫的文学作品，而是决定企业生死存亡的硬核实力，一点也马虎不得。因此，企业管理层一方面必须坚守那些让企业成功走到今天的文化内涵元素，另一方面也要与时俱进、补充修订，或重新定义自己的核心价值观内涵，只有那些真正融入血液的信仰与文化才是战无不胜的力量源泉。

制度是文化价值观的外显，制度面前人人平等，尤其是企业高管团队必须以身作则，率先垂范。孔子曰：“其身正，不令而行；其身不正，虽令不从。”企业文化必须落实到具体制度流程及员工行为规范上才会有生命力与战斗力。知行不合一的企业文化一定会成为印在纸上、挂在墙上的摆设。例如有的企业提倡客户是衣食父母，但在具体事务上则怠慢客户，对客户爱答不理；有的企业任人唯亲、用人不公，错用一个人、伤害一批人的恶果常有发生；有的企业的高层领导或明或暗地以权谋私、德不配位，好端端的一家企业很可能就毁于内部蛀虫之手。

企业文化内涵必须尊重人性及公序良俗，同时也要适应外部竞争环境并符合行业关键成功要素要求，如此才能造就一家受人尊敬的可持续成长企业。康德曾说“人是目的，而非工具”，员工必须是具体而非抽象的存在，他们都是有理想有追求有责任感有创造力有喜怒哀乐的人。今天不少企业仍然视员工为没有情感的螺丝钉，上级不关心员工的成长，不视员工为人，这种不尊重人性的企业价值观是与当下“90后”“00后”年轻人的理念格格不入。当然，优秀的企业文化还必须适应市场环境与行业竞争要求，如 To B 企业一定比 To C 企业更强调严谨、标准化及可信赖，To C 企业员工要比 To B 企业员工更感性、乐观、个性化一些。一般来说，制造型企业更重视标准化、流程化及高效率的企业文化，文化型企业更崇尚个性化、平等、试错、包容的企业文化。

企业文化的贯彻落实必须与企业的经营管理机制结合，才能避免企业文化的空谈空转。企业应该将体现其核心价值观的行为规范列入管理考核范围。这样员工对企业文化重要性的认知就会不断强化，员工心中的“价值观之锚”才能越扎越深，企业的竞争力也会越来越强。“一切资源终将枯竭，唯有文化可以生生不息。”优秀的企业文化永远是企业最重要的核心竞争力，是别人偷不走、抢不去、学不会的硬核实力，值得每一家企业好好呵护与珍惜。

第三章

财务高手的进阶之路

01 传统财务人员职能反思

一般而言，战略发展是企业在不同发展阶段最重要的事情，相应的财务战略重点或财务价值观应全力支持、匹配企业的战略发展，财务部门只有成为最好的业务伙伴，才会有自己的权威与影响力。道理显而易见，大家都不会反对，但实际工作中，我们往往容易走偏，引起很多不必要的冲突。

1. 利润观

教科书中常把企业定义为一个以营利为目的的商业组织，财务人认为，企业就应该要赚钱，不赚钱的企业就不是好企业，从长期来看，这当然没错。但每一家企业都要历经创立、成长、成熟、衰落的发展阶段，不同发展阶段有不同的发展重点与经营核心，并不是每个阶段都必须以利润及现金流为核心价值观。企业创立阶段，最主要的是将产品尽快打磨上市，技术支出是财务资源投放的重点，这一阶段必须以产品技术为导向，出现试错及亏损是正常的；企业成长阶段，业务规模及市场份额是重中之重，渠道品牌投放是重点，这一阶段应以营销与规模为导向；企业成熟阶段，利润及现金流是重心，企业要在行业景气周期结束之前实现利润及现金流回报最大化，这一阶段必然是以利润为导向；企业衰落阶段，企业应以回收现金为导向。

2. 资源观

企业是一个吸引、整合、运营资源的价值增值组织，但资源绝不仅仅是指资产负债表左边栏内的资产。财务管理的资源应至少包括表内资产与表外资产、有形与无形资产、企业资产与社会资产、经济资产与政策资产等全方位范畴，财务部门应是企业资源的整合者、重构者、管理者。我特别推荐这个包含了企业核心财务逻辑的基本公式：资产 = 资本 + 资金，资产涉及规模结构、稀缺性、流动性、盈利能力及定价权，重点要关注企业资产的赚钱能力，要让企业是赚钱的；资本涉及公司控制力、回报率及市值，重点应关注企业投资的业务是否值钱；资金涉及规模、期限及成本，重点应关注企业是否缺钱。

3. 产融观

现在很多企业将“产业 + 金融”视为未来转型发展的方向，即研发完成“从 0 到 1”的科技化，业务运营完成“从 1 到 100”的工业化，金融完成“从 100 到 100 万”的市值资本化。产融结合一般有两种方法：一是以“产”为主，企业一切以提升资产价值为核心，依靠产业经营赚钱，以金融为助力，抢占高价值的稀缺产业资源；二是以“融”为主，企业一切以“流动性或现金流”为核心，一切资产或股份的持有都以增值转让为目的，主要依靠资本运作赚钱。现如今，中国企业还是要以第一条路为主路，CFO 要时刻提醒管理层聚焦主业，做自己最擅长的业务，不要走偏了方向。

战略财务缺失

战略是一家企业的指南针，很多有价值信息都来自包括财务人员在内的一线基层员工，战略是全体员工都应参与的事情。财务部门掌管着企业最重要的战略资源（钱及信息）的优化配置，并承担着对企业各利益相关者投入产出回报的底线责任。CFO 应简要了解当下社会主流思潮、行业与市场认知、顾客心智及企业业务定位逻辑等，这些都是企业制定正确战略的必要条件。利润是正确的市场认知与战略认知的变现，现金是正确的顾客认知及心智模式的变现。当下是一个性价比与质价比并存的新商业时代，所有企业都必须高度关注那些有可能引领未来大趋势的小潮流。

一般而言，产品战略是公司战略的重点，它是公司提供给用户的综合解决方案，是社会主流思潮及消费者情感理念的载体。在这样的商业环境里，企业产品如何定位才能符合主流思潮并匹配外部环境、顾客心智模式？

财务人员对外部世界的风云变幻要有大致的了解，包括产业格局、行业市场、财税政策、黑天鹅和灰犀牛事件等，它们或是制定公司战略的有利因素，或是影响公司战略的约束条件。尤其是与财务职能高度相关的国家金融政策、财税政策、银行产业授信政策、资本市场政策等，这些“知彼”的工作是财务人基础功课之一。

此外，对内部组织核心优势的正确认知与打造，包括产业结构、商业模式、竞争策略、核心能力、组织结构、激励机制、管理体制等，也是财务人的基础功课。公司如果能认识到自己的核心能力以及与对手的差距，公司资源配置的准确率就会越高，公司也就越容易走向成功。因此，财务人员要高度关注公司核心能力的培育及打造，它永远是公司资源配置的重中之重。

报表主义

财务部门的“产品”主要是数据，这些数据大都是按照国家财务通则及会计准则加工改造后形成的。它与业务部门的数据是有差异的，二者不能相互代替，且必须结合使用。不少大型企业都会分设财务会计与管理会计，但大多数中小企业就很难做到这样精细化的分工管理。

多源数据是财务部门的原材料，CFO 应及时输出多维视角的管理报告，才能让数据产生决策价值。企业财务部门应具有多维数据解析与建模能力，但绝大多数企业财务部门在这方面“欠账”较为严重。

财务人最喜欢用财务报表内的财务数据做经营分析汇报，并视其为理所当然的事情，很少关注外部宏观的经济数据、资本及金融市场数据、标杆对手数据、公司客户及合作伙伴数据等，从而给业务部门造成财务分析结论可信度不高的观感。

财务报表是基于企业股东出资人及经营团队而制定的，反映的主要是这两大主体的经营信息。其实每一家企业至少有五个核心利益相关者，且他们都有自己的利益诉求，财务部门应该全面准确做出相关的经营评价及汇报。用户关注高价值，员工关注高收入，政府关注高税收，伙伴关注高订单，股东关注高回报，这五大目标各自达成率如何？各自有哪些亮点与暗点？下一阶段应如何改善？企业是一个微观的生态系统，唯有互利共赢才能持续发展下去。遗憾的是，大部分企业财务部门至今没有标准化、格式化的用户财务报告、伙伴财务报告、政府财务报告，以及员工财务报告。

核心关注点偏差

一般的企业财务团队都是围绕账、表、钱、税开展工作，日常关注点大都聚焦传统财会领域，容易造成对以下核心关注点的“失焦”状态：

企业中长期财务目标的滚动更新，包括资产负债规模结构、收入利润现金流目标修正、财务目标与业务目标的联动更新等。中长期财务目标是企业财务战略的核心内容，也是企业战略目标在财务领域的落地载体，它体现了企业业务运营与财务管理深度融合的管理文化导向。

企业每年（季度、月、周）应对业务计划达成情况及具体业务策略有效性进行验证复盘。具体包括生产计划、采购计划、定价政策、补贴策略、渠道政策等是否符合市场竞争需要，与竞争对手的差异是什么，外部环境改变后企业如何以变应变……

多视角关注企业关键成功要素，包括如何开源节流，如何整合资源并安排资本结构，如何管好未来预期等，企业要建立系统的财务经营观，而非只是传统的事后财务管理。要从业务视角测评分析项目或业务的价值贡献，从风险视角评估项目的风险及成本，尤其要高度关注企业的各类隐性成本、内部控制成本、资本成本及税务成本等。此外，从法律及合规视角去看如何管控风险，让收入能够覆盖所有风险成本。

02 CFO 的“五天”管理法

孔子有句名言：人无远虑，必有近忧。这句话告诫我们应该有长远的筹划。个人如此，企业亦是如此。CFO 作为企业核心高管之一，必须持有兼顾现在与未来的战略观，他对企业的可持续发展起到至关重要的作用。

管好“五块肉”

我国著名军神刘伯承元帅曾说：“战略（布局）就是吃肉，嘴里吃着一块，筷子夹着一块，眼里盯着一块。”借用元帅这个精彩的比喻，我把企业战略财务管理归纳为“五块肉”（这里的“肉”代指企业的利润及现金流）：在肚子里的肉（昨天，财报中的现金利润）；在嘴里的肉（今天，正在赚取的现金利润）；在碗里的肉（明天，比较有把握的现金利润）；在锅里的肉（后天，有待落实的现金利润）；未知的肉（大后天，完全不知在何处的现金利润）。

管好发展周期

一般而言，企业的财务绩效结果是由企业战略、商业模式、优秀团队等非财务因素决定的。今天的财务绩效是由三五年前的战略决策决定的，今天的战略决策会决定未来三五年的财务绩效。

管好发展周期的财务，即做好跨越未来周期的产业布局，支持及平衡不同产业不同时期的利润及现金流压力；基于自身独特的护城河竞争优势，确保存量业务及增量业务的合理结构，以及营业收入的持续增长；鼓励引进各种优秀人才并打造各种优秀的特种军团组织，确保财务绩效能以持续优于行业平均水平的节奏稳健增长。

管好企业的“5天”

下围棋必须按照每个棋子的价值大小确定出棋次序，如果价值大的棋后下或价值小的棋先下则必输无疑。企业高管的时间分配也一样，如果重项目轻战略，视次要为重要，重细节轻全局来分配自己的时间，不仅会造成公司运作的混乱，更会造成资源的极大浪费。

企业高层的管理职责侧重点：

（1）CEO：找对业务方向，找对人，找对钱（资本）。

（2）CFO：找对钱（资金）、花好钱、分好钱。

（3）CHO：用好人、奖对人、罚对人。

（4）其他高管：做对事、做好事、做有绩效结果的事。

企业高层的时间管理重点：

（1）CEO：主管“后天＋大后天”（对企业未来发展方向负责），同时兼顾“今天＋明天”的重大偏差或例外管理。

（2）管理团队：主抓“今天＋明天”（对企业近期的经营绩效结果负责），同时协助老板做好“后天＋大后天”的关键决策。

（3）CFO：以近期的“昨天＋今天＋明天”为主，同时兼顾“后天＋大后天”对未来五年的财务目标规划、五年业务经营计划及五年投融资战略规划等通盘思考及建议。

基于企业未来 5 年的战略规划，CFO 的“五天”管理重点大致如下：

1. 管理“昨天”（去年）

算清账、算好账，出具一份标准且无保留的财务年报，另加一份支持业务决策与考核评价的管理报表。

2. 管理“今天”（今年）

按照战略目标确定当年的业务运营计划及相应的行动策略，CEO、COO 及 CFO 要确保当年业务财务目标 100% 达成。任何低于 100% 的目标达成率意味着不及格，决胜当年是企业执行管理层的第一责任。

3. 管理“明天”（明年）

基于明年内外部环境的最新预判，滚动更新企业的 SWOT 分析假设及全面经营预算指标，它是企业战略在新财年的落地和细化，包括财务目标、业务 BP、资源配置、绩效考核、内控管理等全流程的动态商业闭环管理。战略预算的核心是确保存量业务的稳健成长，做好增量业务的创新开拓，双管齐下打造好企业的持续健康成长曲线。

4. 管理“后天”（后年）

管理“后天”是指探索已知的未知商业世界，如当下热门的人工智能及元宇宙，也许暂时没有杀手级的商业应用，但它代表着商业的未来。因此，CFO 必须具备商业领袖的眼光，大胆支持业务伙伴创新投资，企业可以赔钱亏损，但绝不能在可能成就竞争对手的商战中袖手旁观。

5. 管理“大后天”（大后年）

管理“大后天”是指探索未知的未知商业世界，也是企业最难管理的战略领域。优秀的 CFO 要有大格局大视野，要对企业经营有更高维的理解，如资源经营、人才经营、客户经营、风险经营、数字经营等。具体表现为：其一是要在资本、人才、客户、信息、政策等多个维度与外部利益相关者建立资源共享、风险共担、利益共享的合作机制，要善于整合并利用各种社会资源发展壮大自己，如产业基金、合资企业等；其二是要舍得在企业未来的第三、第四曲线上面投资试错，能够包容那些战略性的亏损与失误，当然对此类业务不能有任何的利润、现金流考核；其三是要建立吸引外部特殊人才并组建特种公关部队的绩效管理机制。

03 公司如何规划新财年目标

一般而言，实现公司目标的关键在于公司必须拥有一支善于创新的团队以及一个鼓励团队创新进取的绩效管理机制，这是公司成功经营的一般逻辑。那么，公司应如何设立一个可行的绩效目标呢？

基本原则

1. 短中长期目标兼顾

长期以来，不少中国企业在设定绩效目标时偏重一年内的短期目标。正是这种目标“短视症”导致中国企业的平均寿命较短。企业的可持续发展是企业管理者的第一责任，企业唯有选择符合自身独特优势的战略驱动型发展路径才能走得更远，存活得更长久。

2. 业务目标与财务目标兼顾

企业财务绩效结果是由非财务因素决定的。公司战略、商业模式、核心能力、业务策略等是决定企业财务绩效的主要因素。因此，企业在设定年度绩效目标时，必须兼顾业务目标和财务目标。当然，财务目标必须兼顾风险与收益的平衡，不可过于冒进。

3. 内外部利益相关者目标兼顾

企业是由各利益相关者组成的利益与命运共同体。因此，企业要充分照顾好各利益相关者的利益诉求，实现多赢目标，才可以持续发展下去。

4. 股东利益与经营者利益兼顾

一般而言，股东更重视企业的长远利益，经营者或管理团队则相对看重当下的利益。设定企业绩效目标时要兼顾好二者，不宜过度激进，但也不宜过分保守，确保企业可持续获取风险可控前提下的稳健财务收益。

主要方法

1. 内部同比增长法

内部同比增长法是指在上年已实现目标的基础上，结合下一年度外部市场环境的变化趋势做一定范围的幅度调整，从而形成下一年度的绩效目标，当然，一般都是正增长目标居多。需特别强调的是，企业要对过往绩效目标所达成的结果进行深刻的反思与总结，要认识到自身的不足，不能把上年内部原因所造成的绩效差距合理化，更不要把落后目标带到下一个财年。

2. 外部标杆对比法

参照当下行业平均回报率水平及对手企业相关核心指标，结合自身特色设立相应的赶超目标。目标一定要有挑战性，长期落后于对手企业的绩效目标一般是公司董事会所不能接受的。

3. 资本回报率倒推法

一般来说，资本市场的资本成本或资本回报率等数据都是公开透明的。企业投入资源的基本目标是在本金安全的前提下，追求超出市场平均资本回报率的合理收益率（ROE），目前市场平均资本回报率为一年期贷款利率的3倍。因此，企业可根据上述规律，推算下一年度的目标收入、目标成本及目标利润等，在充分考虑行业特点、国家政策、自身能力及资源等各种内外部因素并做出一定调整后，将其设为企业下一年度的绩效目标。

4. 战略目标分解法

基于企业愿景与使命，企业必须明确自己未来1～3年的发展目标及其实现路径，包括市场份额排名、核心竞争力水平、收益率水平等。企业可将战略目标及相应的衍生指标定为当年的绩效目标。

5. 平衡计分卡方法

按照平衡计分卡原理，以财务指标为牵引，同时将客户满意度、内部运营能力及流程效率、团队的创新学习能力等定为关键绩效指标。财务目标的规划可以参考前述方法。

注意事项

1. 关注企业所在行业的成长

负增长的行业属于存量市场，身处负增长行业中的企业，其业务增长只能来自对同业对手业务份额的抢夺。因此，这类企业一般不宜设立过高的绩效目标。相反，如果身处那些快速变化的成长型行业中，企业应设立更高的目标。因为在快鱼吃慢鱼的时代，发展慢了就意味着出局，甚至死亡。

2. 明确企业自身所处的行业地位

第一阵营的龙头企业一般都要设定积极的高目标以获取更大的市场份额。第二阵营的非龙头企业则要主动避开龙头企业的锋芒，不宜盲目设定超出自身能力与资源要求的激进目标，总体上还是应追求稳健发展。尾部企业则要深耕有独特优势且被龙头企业忽略或暂时空白的细分市场，加大投入，并快速做强做大，力争成为某些新细分市场的头部企业，当然目标设定绝不能保守。

3. 注意企业发展的阶段性

一般企业都要经历成立、成长、成熟、衰落的发展阶段，不同的发展阶段应设定不同的绩效目标。发展前期一般追求规模与速度，发展后期则要看重效益与回报，企业不能超越所在发展阶段去设定不切实际或不合时宜的绩效目标。

4. 坚守产业战略定位不动摇

在大型企业集团内部，各产业板块都承担着不同的战略使命，形成了彼此协同互补、资源共享、风险共担的“联合舰队”型产业布局。因此，不同的产业承担不同的使命，当然也不会有整齐划一的绩效目标。

5. 注重企业目标层层分解的相关性与合理性

企业内部一般都有前、中、后台的责任划分，只有部门之间的工作与各自的绩效目标相关性较大时，才可以将公司目标与部门目标、个人目标适当关联并相互占有对方指标的一定权重比例。否则，就会造成部门之间发生不必要的扯皮、推诿，以及资源浪费的情况。另外，管理层还要高度关注达成目标的关键举措执行情况，做好过程管理，不要出现“脚踩西瓜皮，滑到哪里算哪里”的现象。

04 有预算才能有胜算

为什么要有预算

企业预算是为实现战略目标而对未来经营、投资及筹资活动筹划的货币化经营管理方案。那么，企业为什么要有预算呢?

预算是帮助企业以内部的确定性方案应对外部市场不确定性的需要。企业间的竞争就是一场没有硝烟的商战，没有预算就等同于打没有准备的仗，几乎没有胜算。

预算是帮助企业战略落地的最佳管理工具。企业商战实际上就是通过预算完成战略决策落地执行的过程，它涉及大量人财物等内外部资源的整合运用，是一个资源投入产出再投入再产出的周期循环过程。预算就是基于经营目标及行动策略去分配有限资源的行为与过程，其前提条件是先定义重要事项，一个能够得到大家认同的业务计划一般是不缺资源的。正确定义一件事情至少需把握好三个要点：一是对事情或业务本质有系统通透的理解与把握；二是把事情分解后要有具体工作任务的优先级排序，明白哪些事情是重要的，哪些是次要的；三是要聚焦核心资源，不做出预期的绩效结果决不罢休。很多企业做预算时并未把业务战略及年度经营计划理清想透，这样的预算结果可想而知。总之，没有业务计划就没有预算，没有预算就等同于没有战略。

企业就像一支在深海远航的联合舰队，预算则是帮助团队因势利导、趋利避害的数字化路线图，它是统一团队方向并应对外部不确定性挑战的业务与职能策略的总和，是一个“杂于利害”的全局性系统性行动计划，是几乎与企业战略同等重要的事情。

预算的真正含义是什么

预算远不只是“预先算一算”那么简单，它有着丰富多彩的管理学内涵，遍及企业战略制定及执行落地的经营管理全过程。

预算是支持公司战略落地的最佳工具。预算集合了“市场洞察→目标制定→行动计划→资源配置→绩效评价→风险管控”等端到端的完整运营闭环，是全球公认的实现战略落地的最佳工具与途径。可以说，有目标无预算等于没战略。

预算是企业资源配置与风险管控的基本依据。一般企业运营的逻辑是：环境决定战略→战略定义目标→目标牵引策略→策略匹配资源→资源成就用户→用户回报绩效→偏差引发风险→风险优化运营。企业预算就是基于价值目标而筹集、分配并管理所有有形、无形资源的经营行为，当然所有资源都应优先分配至最能创造可持续价值的客户、产品、渠道、团队上，原则上不符合投入产出效益目标的资源投放都会被否决。尤其是目标达成偏差大的业务或项目将被视为异常偏差，必须给予最高级关注，直至风险偏差消除为止，这也是企业风险管理的核心内容。因此，预算是基于经营目标的稀缺资源承诺，也是引发风控措施的基准依据。预算管理的关键是事，不是钱。

从某种意义上讲，预算就是员工与企业间的一份契约合同。所谓团队职业化就是团队要按质按量按时给企业交付确定的绩效结果，不打任何折扣，没有任何借口。一般而言，预算目标、平衡计分卡指标，以及价值观行为指标是构成评价团队绩效 KPI 指标的三个核心来源，当然预算指标是排在第一位的。

预算是对未来一定时期外部市场环境场景的一系列假设性模拟。一般来说，企业要制定一份高质量的战略方案、年度经营计划与全面预算，当然离不开一系列高水平的市场假设，包括未来几年 GDP 增长率、行业存量与增量规模发展趋势、市场格局及对手动向、新商业机会及风险、技术创新趋势及路径、消费者分层结构特征、主要材料及终端价格走势、资本市场金融市场期货市场动态，政策动向及全球重大热点事件预估等内外部关键信息。预算假设准确度的高低是评价一家企业高管团队优秀与否的核心维度之一，预算假设的确立绝不是闭门造车，而是统筹内部研产销前中后台各部门及外部利益相关者信息，不断商榷讨论出来的未来最优预估与判断。

预算是提升团队领导力的最佳途径之一。一个优秀的企业领导人必须优先解决向心力与凝聚力问题，具体包括目标方向清晰、行动策略有效、前中后与上中下高度协同，方向步调一致才能赢得胜利。我一直认为全面预算管理是企业经营管理的龙头，也是展示企业高层领导力的最佳载体：一份优秀的全面预算一定是“从群众中来，到群众中去”的集体智慧结晶，是一项既有民主又有自由，还有统一意志的最佳团队建设实践。要考验一个优秀后备干部的领导力水平，最佳的方式就是要求他牵头去做一份预算，很多人做过以后一般都不敢再言自己怀才不遇了。没有高水平的宏观视野战略眼光、不深度理解客户与业务且欠缺系统全局思维能力的人是编不出高质量预算作战方案的，可以说不懂预算就近似于没有领导力。

预算是企业“向前看”并推动未来价值创造的一项全局性经营管理活动，它包括预估（市场模拟假设）、预算（年度经营计划及资源配置）、预测（基于预算假设变化的目标动态预测）、预警（目标结果偏差分析及例外介入管理）、预案（管理重大指标偏差的后备方案）。预算是一项包含“五个预”的运营逻辑闭环，企业仅重一“预”而忽略其他四个“预”的做法，等于把一个环环相扣的作战方案弄得支离破碎，预算的系统性被破坏，这也是某些企业预算做得不好的主要原因之一。

企业预算管理中的常见问题

很多企业把预算工作理解为财务部门的事，由财务部门汇总后，上报公司领导拍板即可。预算工作是一项全员、全流程、全方位的系统性工作，并非财务部门一家的职责。

企业预算管理中的常见问题主要有以下几点：

第一，不少企业缺乏逻辑闭环管理，目标分解粗糙且与部分业务策略脱节，主要表现为分目标如同分猪肉，基于现在推算未来，而非基于未来挑战现在。部门员工分不清自己应该做与自己想做的事情，陶醉在自己的职能陷阱中，很少能把自己的工作与公司整体目标关联起来。

第二，重要项目与资源分配脱节，钱没有花在刀刃上，例如事关未来的创新预算总是不足，亏损或长期微利的业务预算由于惯性思维总舍不得减少等。

第三，预算预警与执行调整脱节，后台部门只说不跟进，前台对后台的预警信息往往视而不见。这是一种典型的企业内部管理动作空转，可以称之为最无效的表演式工作。

没有预算就没有胜算

预算必须先预后算、先事后钱、先业务后财务、先管理会计后财务会计，没有预算就没有胜算。“预”者重在公司战略、商业模式及业务经营计划等方面的顶层设计，一定要通过群策群力形成务实可行的业务经营思路及年度经营计划，管理要求应一目了然且烂熟于心，接下来的资源配置、绩效回报及可预期的优秀财报才会水到渠成。企业资源应聚焦投放到高现金流回报的核心客户、产品、区域、渠道及团队方面，长期亏损且需要输血的“问题业务”应及时果断予以关停并转，没有竞争优势的业务原则上应逐步放弃并转向外协模式。

很多人认为预算的核心是利润预算，这显然有失偏颇。其实，现金流预算与利润预算是同等重要的。企业不能用利润去支付账单，现金流指标既是效益指标，也是生存指标，更是尊严指标。现金流预算可以帮助我们管理好开支的优先次序和提供长期负现金流业务的预警信号，提前做好资金筹划方案，以避免不期而来的现金流危机。

今天的商业时代，企业竞争如同一场马拉松而非百米短跑，减少风险减少损失就是创造价值，谁的风险管理做得好，谁才能成为最后的赢家。因此，每家企业务必明白自己核心能力的边界及资源上限，要牢牢坚持“风险管理能力决定经营能力，时刻将风险控制在自身承受范围内”的底线思维，管理好自己的目标雄心与能力资源之间的均衡。

05 审计也是生产力

如何定义企业内部审计

企业内部审计（简称“内审”）的定义多种多样，简言之，内部审计就是对企业风险管理的再管理，它有3个核心要点：

1. 一项风险再管理工作

一般而言，企业内部有三道风险管理防线：一线业务部门是第一道防线；中后台职能部门，尤其是财资部门是第二道防线；独立于经营管理部门的内审部门是第三道防线。内审就是对企业风险经营（业务部门）的风险管理的再管理。

内审部门并不直接参与业务，也不与客户打交道，它的工作方式就是站在业务伙伴旁边认真观察、审核与评价每一笔业务的合规性，每笔业务背后制度流程机制的严谨性和有效性，内部控制系统识别风险的及时性和准确性，内审部门绝不能让任何一个突破第一、二道防线的潜在风险成为漏网之鱼，从而造成公司损失。当然，前提是内审部门要了解公司所在行业环境、政策动态，公司战略背后的商业逻辑与盈利模式，业务运营的一般规律、业务关键成功要素及主要风险特征，同时还要非常熟悉业务前端的制度流程。

2. 相对独立性

一般来说，内审部门是与企业前中后台职能部门分设的，原则上直接对公司董事会负责，也有部分企业隶属于监事会，其目的是确保内审工作的超然地位。独立性是审计工作的本质特征，也是其发挥独特价值的生命力之所在。这一特征有助于内审部门不受干扰地对某一部门的某一项工作做出客观公正的审核评价。

内审部门一般都有调查权与建议权，但并不具备独立的裁决权与惩处权，最终决定均由公司董事会或其授权的董事长审定。

3. 管理审计、价值审计是内审工作的专业价值体现

管理审计和价值审计是内审工作的核心内容。管理审计重在帮助业务部门提升企业资源使用效率，包括“研产销人财物”等所有表内外资产的投入产出效率及风险损失金额合理性评价等，其目的是要帮助企业打造一个低成本、高效率的组织；价值审计重在帮助业务部门分析评价经营结果与经营目标的偏差率，包括计算经营目标达成率、与标杆及行业平均水平的偏差度，评估以往行动策略的有效性等。如果一家企业的经营目标达成率总是很低，或者某类核心业务指标总是出现重大偏差，则表明企业内部控制体系很可能具有严重问题。作为企业内控系统参与者与评价者的内审部门，应承担相关管控服务不到位的责任。

内审工作如何定位

基于前文所述，我们可对内审工作进行如下定位：

1. 业务伙伴

内审部门是企业内部最看重合规经营、最讲究经营管理

秩序的部门，而内审工作可帮助业务伙伴查错纠弊，发现并弥补制度流程漏洞，少摔跟头，从而将企业成本浪费与风险损失降至最低水平。以上这些工作是直接与业务目标相关联的，而非可有可无的。业务和内审，二者其实是同一条战壕的战友，而非一般人眼中的猫鼠关系。

2. 风险顾问

内控系统是一家企业经营管理有序开展的核心基础，是企业防范无价值风险的制度长城。内审人员不要过于担忧风险，重点要做好以下三点：其一，帮助业务及流程管理部门对企业重要经营机制、业务制度、权责利分工、岗位流程等事先做好安排，正所谓“没有规矩不成方圆”，好制度可以让好人做好事，防止坏人做坏事；其二，督促流程管理部门将风险管理嵌入每一项业务流程，精准制定企业风险地图并动态监测管理，到位的风险管理可消灭企业 80% 左右的潜在风险，对没有任何业务或财务价值的红灯区业务或冒险行为要及时发出预警；其三，信奉“人是目的而非工具”的基本人文价值观，坚守正直公正善良的基本品格，帮助员工与企业共同成长。

3. 品牌帮手

内审是企业规范运营的第一推动力，同时也是企业品牌建设的参与者与保护者。一家诚信经营的企业才能获得社会公众、投资者、合作伙伴、银行及政府部门的认可，从而减少企业大量高成本、高频次的外部监管机构的现场核查，有利于企业获得更高的信用评级以降低外协成本及融资利率，有利于提升公司整体知名度、美誉度及未来的产品品牌溢价，这当然少不了内审部门的功劳。

有关内审的几个误会

1. 误会一：内审只限于企业内部

内审工作不仅涉及企业内部各职能部门，还涉及股东、供应商、经销商、客户、银行、政府机关等。企业一般会要求其合作伙伴依法开展业务与交易，严格遵守合同契约及社会公序良俗，同时也会要求内部员工廉洁自律。

内审部门是所有内外部利益相关者管理红线的守护者，因此，内审部门必须内外兼顾，该提醒的提醒，该警告的警告，该通报的通报，该起诉的起诉，主动担起看门把关的重任。

2. 误会二：内审部门主要职责是“找麻烦”

好的内审服务可以在业务问题发生前主动提示风险，风险发生后第一时间帮助化解风险。内审工作表面上看是查问题找麻烦，但实际上，内审的职责是维护公司经营秩序、提升组织管理效率，帮助业务伙伴达成 KPI 目标，内审部门并没有自己独立的利益追求。

3. 误会三：内审部门只花钱不赚钱

通常，企业创造价值的方式是开源节流、增收节支，内审工作主要是通过后者为企业创造价值。优秀的内审部门可为企业避免很多损失，或者协助企业追回很多损失。从内审部门的投入产出比来看，其产生的费用其实更像是一种投资。因此，内审部门也是公司价值的创造者。

4. 误会四：内审查处的事件越多越好

案件多少是衡量一个企业是否规范、稳健运作的直接指标。优秀企业发生案件的概率理应低于行业平均水平。当然，处于初创阶段的企业因经营不规范、制度不健全而造成案件频繁被查出，这表明其内审工作是有效的。但如果一家经营多年的成熟企业依然出现案件频发的情况，不管原因是什么，都可看作企业管理的失败。

06 如何建立可持续的银企战略伙伴关系

做好自己

企业是金融市场的核心主角，是金融需求的发起者，银行是企业及社会的金融顾问，是金融供给的提供者。银行资金主要来源于老百姓存款，资产配置讲究效率性、流动性、安全性的平衡，具有天然的稳健保守特征且是政府监管最严格的行业，我们要充分理解与尊重银行的风险偏好政策及目标企业选择。因此，银企双方要达成良好的合作关系，必须找到双方有共识的痛点、痒点与兴奋点。当下中国银行业发展战略同质化程度较高，优秀银企关系的主要推动者一般是企业，企业选好门当户对的战略伙伴的关键是要做好自己：

①企业要有清晰的发展战略，主业突出的业务结构及具有独特优势的商业模式，这是企业获得银行信任认可的关键

前提。

②稳健的资本结构及健康的现金流是银行评级的核心指标，也是企业拥有强大的抗风险能力的基础。

③拥有独特的稀缺资源及核心竞争力即硬实力与软实力，是企业可持续发展的根本保证。

成就伙伴

银行是追求盈利的商业组织，也是承担国家产业振兴责任的社会资源配置者。产业报国的家国情怀应该成为银企双方合作共赢的心灵合约，打造强大的产业及卓越的银行是双方共同的责任与追求。显然，银企合作不应是简单的借钱与给钱的关系，好银行让企业更强、好企业让银行更优的合作理念应该是新时代新金融的核心内涵。

信息不对称是风险的源泉，也是银企双方误会的根源。银行最怕的是不知道企业风险在哪里，无法承受突发的意外风险。因此，企业要主动及时向银行通报企业战略转型、经营动态、主要风险等重要信息，以帮助银行做出更好的决策；银行也应及时向企业通报重要的监管信息、金融市场信息及授信政策信息、风险偏好信息，督促企业关注自身不足并逐渐提升自身经营管理水平。建立多层次的信息共享机制是银企双方建立风雨同舟型战略伙伴关系的制度基础，否则就是我有保留你有隐瞒，做一单算一单的交易型银企关系，双方的合作肯定是不可能长久的。

一般来说，银行与企业的战略目标及风险偏好会存在差异，双方重叠部分就是具有最大公约数的合作空间。因此，银行的产业政策与风险授信政策和企业的产业场景、金融需求的深度匹配是非常重要的，企业一定要主动选择支持自身产业发展并具有独特业务或产品优势的银行去合作，即要优先与懂产业的银行合作。

科学方法论

优秀的银企关系是彼此关心对方发展成长的伙伴关系，存款、利润是成功银企关系的结果验证与奖励指标，而非唯一的追求目标：银企双方鼎力合作一起创造用户价值，之后才会有企业价值与银行价值，最终才会有产业价值与社会价值。那么，我们应如何建立可持续的银企战略伙伴关系？

1. 晓之以理

银企双方目标愿景的趋同、发展理念的认同、合作策略的赞同等是主要沟通内容，企业应主动交流，确保“银行了解你”。

2. 喻之以“利”

互利双赢是银企双方持续合作的目标。企业要主动关注银行贡献与回报的平衡、收益与风险的平衡，全力帮助经办行达成自己的KPI目标，急银行之所急，想银行之所想，双方都要做到“店大不欺客、客大不欺店”，尤其是银行更要放低身段，积极拥抱企业痛点，当好优秀的金融顾问，帮助企业排忧解难。

3. 动之以情

打造世界级的企业与银行是实现产业兴国及中华民族复兴的必由之路，更是所有产业人与银行人的共同梦想与追求。要实现这一宏伟目标，双方必须有最核心的情感认同：客户深情、同志友情、产业情怀、民族情义，双方的合作不只是建立在利润金钱的基础上，这样的合作才会生机勃勃源远流长。

4. 约之以规

契约精神是市场经济的基石，银行是中国诚信文化的践行者与示范者，也是国家社会金融秩序的维护者。作为好朋友，双方要信守承诺说到做到，特殊时期特别措施应事前沟通，发生误会也要及时互动消除，双方按规则有商有量做事才是真正的好朋友好伙伴。

07 投资就是找到优质资产

投资是一件挑战人性弱点的事业，它涉及宏观、中观与微观等多方面综合知识的融通运用。投资也是货币转化为资本的过程，这个资本泛指生产资本、商业资本及金融资本等产业链资本，而资本是追求剩余价值的价值，它的价格是公司未来现金流的折现。它是基于资本逻辑的经营循环，即 G（货币）—W（商品）—G'（更多货币），是货币资本与产业资本融合追求最大剩余价值的经营逐利行为。

在此定义的基础上，从财务管理视角再做引申，投资就是将无差异的货币资金转化为有差异的资产或业务的行为与过程，或者说，投资就是创建资产负债表左侧栏内低风险、高收益资产的行为与过程，其目的是获取未来更多可持续的现金流回报。

投资的本质特征

既然投资本质是货币转化为资本并创建优质资产的行为与过程，那么它的本质特征有哪些呢？

1. 投资是风险经营

德鲁克曾说："风险就是商业的本质，企业的基本职能就是承担和追逐风险。"其实，投资的本质特征之一就是风险经营，一般来说，现金资产是收益率最低的资产，它要保值增值就必须转化为风险资产，风险经营得好，则可获得运营高于无风险利率的财务回报，风险经营得不好，则可能血本无归。中欧国际工商学院的丁远教授曾发表过一个非常精彩的观点："投资就是找不结婚的理由，如果找不到不结婚的理由，那就结婚吧。"丁教授并未对上述观点做详细的阐述，但我的理解是：婚姻是每个人一生中最重要的投资，就像买股票一样充满了风险。常言道，爱情因误解而结合，因了解而分开，很多人出于一时感性选择了婚姻。丁教授告诉我们，更理性的爱情选择是：如果你在对方身上找不到自己特别在乎的那些不结婚的理由，你会相对容易找到合适的对象。投资也是如此，只要做好了底线的风险管控，至少可以让自己不败，然后在此基础上求胜，成功的概率会高很多。

2. 投资是资产经营

从资产管理角度来看，好的资产是流动性、安全性与效益性均衡兼顾的产物，而资产的背后是公司战略、商业模式、经营管理机制，以及核心团队，它对应着投资标的物后面的产业链经营。具体而言，安全性是本金安全回收的可能性，或者说是本金安全退出通道；流动性是投资标的物变现的可能性，它是最终规避风险获取收益的一种必备方式；效益性是扣除各种风险成本后的净收益率，包括市场平均收益及超额收益。显然，按照风险与收益匹配原则，并不是收益率最高的投资就是好投资，人们一般追求的是在风险可控基础上的合理回报，而非不计风险后果的最大回报。

3. 投资是周期预判与经营

万物皆周期，成功的投资当然离不开成功的趋势预判与周期经营。所有投资都会面临四个周期的选择：产业成长周期、企业经营周期、融资期限周期、投资回收周期。四个周期的匹配很重要。不同行业、不同发展阶段的企业组合在一起，可起到分散风险获取稳健收益的效果，换言之，不要把所有的蛋都放在一个篮子里，不同周期阶段的成熟企业和成长性企业一般都是基础资产池的配置对象。

4. 投资是人性经营

佛教认为，人性弱点有五个：贪、嗔、痴、慢、疑。这五个弱点使人不能明心见性，导致人终生不能离苦得乐。其实成功的投资如成功的人生一样，尊重他人的人性，反抗自身的人性的人才能成为投资高手：别人“贪”时，我可以知足或恐惧；别人“嗔”时，我选择平和沉稳；别人“痴”时，我达观清醒；别人“慢”时，我必谦和；别人“疑”时，我选择沟通信任。一般人都不擅长做由表及里、去伪存真与去粗取精等系统理性的逻辑思考，看问题总是喜欢看表象、看短期、看一个点，而忽略了事物的本质，不问动机，不从长远考虑，也不看整体系统。

五大弱点不除，人自然无法做到本心清净、灵魂安宁，也不可能具有高远的格局和宽广的视野，自然也很难做出成功的投资决策。人的一生其实都在为自己的认知买单，做人如此，做投资、做管理亦如此。

成功投资的“四个三”

巴菲特曾说：“在别人贪婪时恐惧、在别人恐惧时贪婪，真正能做到的人凤毛麟角。”企业想要取得良好的投资回报，应做好以下 4 点：

1. 投资的三性均衡

把握好资产流动性、安全性与效益性的动态均衡，要有长期主义的价值观与业绩观，长期合理回报比短期最大回报更重要。

2. 投资的三重境界

先保本（不损失本金是投资的第一或最低原则），后保值（战胜当年通胀率是投资的及格标准），再增值（取得优于市场平均水平业绩的是优秀投资者，能持续取得优秀业绩的是卓越投资者）。

3. 投资的三律智慧

熟悉产业规律（不懂产业很难做好投资），敬畏投资纪律（制度红线比老板大的企业可以持续发展，投资的理性永远要大于感性），坚守人性自律（不自律者必他律，成功者必须尊重他人人性且反抗自己的人性弱点）。

4. 并购投资三大原则

业务有价值（必须有 1+1 ≥ 2 的协同价值），团队能融合（并购者团队必须有能力管理好被并购者团队，否则内耗大于协同必败），损失能承受（公司有承受并购失败的资本，否则就是不计后果的赌徒行为）。

总而言之，投资本质是货币转化为资本，即将无差异的货币转化为有差异的资产或业务的行为与过程，它是一项创建优质资产的事业。投资也是一项比拼智慧逻辑与人性认知的资本游戏，必须在产业基本面、技术操作面与人性心理面有着超乎常人的领悟力与功力，才有可能取得良好的长期业绩。股市是一个理性与非理性兼容的人性战场，成功的投资其实赚的就是“天时”类周期趋势的钱、“地利”类行业赛道的钱、“人和”类优秀团队的钱。

第四章

战略财务新思维

01 CFO，今天你战略了吗

作为企业 CFO，帮企业找方向定战略是核心职责之一。“战者，干也；略者，不干也”。战略说起来也简单，就是规划企业“干什么”与“不干什么”。

在新经济时代，企业 CFO 要抽出时间，做一些仰望星空的务虚性畅想，确保团队一直走在正确的道路上，这是领导者最大的责任。对于一些新财务岗位，如财务规划师、算法工程师、风险监测师、模型设计师等，企业管理者应充分肯定岗位价值并发挥其创新作用，让财务部门的核心地位得到更为广泛的认同与提升。

1. 业务战略

业务战略的实质是公司业务赛道的调整与选择，关键是要实现公司优势与行业趋势的动态融合与均衡，外部趋势向左、内部优势向右者必败。具体而言，我们应关注以下三点：

一是要深度洞察公司所在行业市场的大致商业趋势及消费者对现有产品的新需求、新用途及原有产品功能的新理解与新痛点。

企业只能做顺势而为的事情，尽量少做那些“贫矿里面挖金子”的苦差事。我很赞同海尔集团张瑞敏董事长的一句话：“每家企业都是时代的企业”。顺时代者昌、逆时代者亡。

二是要认真复盘总结企业自己业务的优劣势，哪些业务做得好且已具有成长惯性，哪些做得不好且一直力不从心，这就涉及战略级的企业赛道评估与选择。优势与趋势匹配者，继续干；反之则应该考虑做减法去关停并转了，也许那是超出你能力范围且不该你赚的钱。

三是面对新时代、新商机、新风口，企业该追还是要追的。企业战略能力从某种意义上讲，就是抓住新商机的能力，如面对 5G 与人工智能新商潮，哪一家企业能做到无动于衷呢？企业应在新赛道上做积极的转型布局。世界上没有永垂不朽的人，更没有永垂不朽的企业，唯有“识时务者为俊杰、选择比努力重要”的千古名言永恒不朽。

2. 人才战略

成功的企业战略一般是基于自身独特的组织能力制定的，“没有金刚钻，别揽瓷器活”讲的就是这个道理。巴菲特一直强调，人只能做自己能力范围内的事，也只能赚自己能力范围内的钱。显然，这句话已成为一种朴素的商业智慧。事实上，什么业务都想干，什么钱都想赚的企业大都是“流星”，很难有长久的发展。组织能力依托于人才团队，因此，能力战略就是人才战略，企业高管应该高度重视以下三点：

一是要准确定义公司的核心竞争力及团队能力，公司只能赚自己能力范围内的钱。

二是明确公司业务战略所需人才标准及团队能力缺口，内训与外购相结合，打造一支能支撑公司战略且技能、性格、年龄互补的团队。

三是要建立人人可以建功立业的激励机制，将人才成本转化为人力资本，以最大限度激活组织。企业机制是第一生产力，这在当今世界尤为适用。

3. 全球战略

今天的世界被喻为“地球村”，美国企业的每一个创新发展瞬间都会引发全球各国的模仿创新，中国农业的每一次重大突破都会影响他国农民的收成与福利，甚至会导致某些国家对农业政策作出重大调整。在这个万物互联的新时代，每一家企业都在世界商潮大海中裹挟前行。

一般来说，善用境内境外两个市场、两种资源的企业大都是发展迅猛的企业，所有的中国企业都应该制订自己的“全球战略”。要么主动出击走出去，要么借船出海，这些都是明智的选择。当然，每家企业都有自己的全球化策略、手段、节奏及推进方式，但以下几点是所有企业都应高度关注的：

一是全球市场的匹配与选择。华为以“农村包围城市”的竞争战略在中国与全球市场逐步胜出，它的全球战略是实事求是且务实高效的。慎重首战才能首战必胜，企业一定要想清楚自己产品服务与他国市场发展阶段的匹配度吻合度，先在点上成功，再于面上突破。

二是建立全球资源共享体系。香港地区是中国企业整合资源的最佳桥头堡，企业应尽力做到境内业务用境内资源、境外业务用境外资源。这种业务协同、资源共享，且风险分散的管理体系具有较强的抗风险能力，但其打造过程是相当漫长的。

三是技术战略方面，不要过分强调自主创新。要学会借力前行，主动加强与全球领先技术伙伴的开放协作。所有成熟有用的技术专利能买则买，原创的实验室专利与已经过市场考验的通用成熟型技术专利完全是两回事。

4. 伙伴战略

在如今的信息社会中，企业间的竞争已成为每家企业价值链及生态链之间的竞争。跨界共生的平台经济已成为新商业新常态，过去同行是冤家的玩法得改改了。

传统上评价一家企业做得好不好的方法之一，是与业内标杆企业的运营指标进行对比，对标成为企业使用较多的管理工具之一。其实，衡量企业成功与否的终极标准是用户的信任度与满意忠诚度。每家企业的产品其实都是一个个性化的用户需求解决方案，企业之间的竞争本质上就是用户解决方案的优劣比较而已。因此，同行就是企业最好的老师，是共同努力赢得用户满意的竞争型伙伴。就像奥运赛场上运动员之间的竞争一样，如果要说谁是真正的对手，那些跨界竞争的新来者可能更适合被称为对手。当下，国内市场很多行业规则不完善，导致同业恶性竞争的商业生态较差，但我相信，这一局面迟早会有所改善。

专业的人做专业的事，企业更是如此。现在是一个专业分工更加精细化的社会，想通吃价值链的企业或平台是难以存活的。近年来，不少头部企业的战略愿景表述中多了“赋能、利他、情怀”等内容，这是因为这些企业明白了“一花独放不是春，百花齐放春满园”的道理。不能兼顾好生态圈内利益相关者的风险与收益分配的企业，是无法持续发展的。做好某一细分市场的隐形冠军，与头部企业协作共赢，才是中小企业的最佳生存之道。真诚希望中国企业家们能够大中小兼容抱团打天下，成为商界一道亮丽的风景线。

此外，不要诋毁同行，要以最开放心态结成最广泛的统一战线。愿意开放客户、信息、资源、股权等，愿与他人合作的企业才是真正优秀的企业。

5. 财务战略

业务战略的成功实施需要相应的财务战略去匹配。财务战略的核心内容之一是“财务铁三角”，即收入增长与利润增长、现金流增长的动态平衡。

健康的资本结构是企业在承受风险损失后，仍可立于不败之地的可靠“安全气垫”，也是企业可持续发展的资本与基石。企业应该有这样一条铁律：任何业务或项目决策的损失上限决不能超出公司资本净额上限。

02 业财融合的运营循环

业务与财务就好像硬币的两面，看似有所不同，但其实说的是一回事。遗憾的是，由于财务报表信息很难全面、真实、及时地反映企业经营状况及其价值动因，从而造成了如美国著名管理学家卡普兰教授所说的“相关性的遗失”。财务报表信息只反映出各要素之间的逻辑关系而非因果关系，它只是按规则展现出经营事实，但不一定能揭示出经营的真相与本质。因此，企业业务部门经常诟病财务部门有数据（报表）无信息，可见彼此误会之深。实际上业务是水，财务是鱼，两者可谓一刻也不能分开。

1. 业财融合运营循环的主要内容

（1）外部环境分析及市场洞察

它是商业的起点，也是企业战略的原点。涉及的主要问题有：

- 你的战场在哪里？
- 在哪些领域赚钱？
- 服务哪些目标客户？
- 有哪些机会与风险？
- 有哪些独特的竞争优势？
- 凭什么赚钱？

（2）经营作战方案

《孙子兵法》有云：是故胜兵先胜而后求战，败兵先战而后求胜。这句话的意思是，胜利之师会在具备胜利的条件后再作战，而失败之军总是先同敌人交战，然后期望从苦战中侥幸取胜。企业经营亦是同样的道理。这一部分涉及的主要问题有：

- 如何打胜仗？
- 关键成功要素有哪些？
- 赚多少钱？
- 如何分工协作？
- 如何管控风险？
- 如何整合内外部资源？

- 如何激励员工？
- 如何实现利益相关者价值最大化？

（3）作战方案的落地执行

这一部分涉及的主要问题有：

- 钱从哪里来——融资风险与成本、资本结构
- 钱到哪里去——产业结构、资产结构、产品结构
- 如何赚钱——商业模式、盈利模式
- 如何分钱——利益分享及激励机制

（4）财务会计

它反映的主要内容有：

- 资产负债表——钱从哪里来？钱去了哪里？
- 损益表——赚了多少钱？靠什么赚钱？
- 现金流量表——钱够不够花？赚取现金的能力强不强？

（5）管理会计

管理会计关注的问题有：

- 为什么赚钱或亏钱？

- 内外部原因是什么？
- 哪些策略措施不对且应如何改进？
- 何时改善？
- 需要什么支持？

2. 业财融合要点管理

正确的战略方向。找对企业的主战场及主攻方向，并在自己擅长或有相对竞争优势的领域作战（但一切要以数据说话），这是企业董事会及 CEO、CFO 等高管的核心职责。方向选择远比努力勤奋更重要。SWOT 分析是一个很好的管理工具，企业职能部门在梳理企业整体战略与职能战略时都可以使用。

细致严谨的作战方案。作战方案是达成战略目标的关键，也是全面预算管理的核心。因此，清晰的目标、务实可行的路线图、激励方案、风险预案等都是必不可少的内容。

八字钱经。它主要涉及资源配置及过程管理：筹钱（付得起账单且赚钱的业务决不能缺钱）→花钱（资本性支出+费用性支出）→赚钱（不做亏本生意）→分钱（赚了钱大家分）。

用“显微镜”看过去的价值创造。三张财务报表既是企业 CEO 的成绩表，也是企业整体健康与否的体检表。

用“望远镜”看未来价值创造。做到经营过程的可视化、价值动因的透明化、经营结果的可预测化。主要管理工具是 PDCA 循环，其主要内容是“预算→预测→预警→预案”。业财融合运营循环路径如图 4–1 所示。

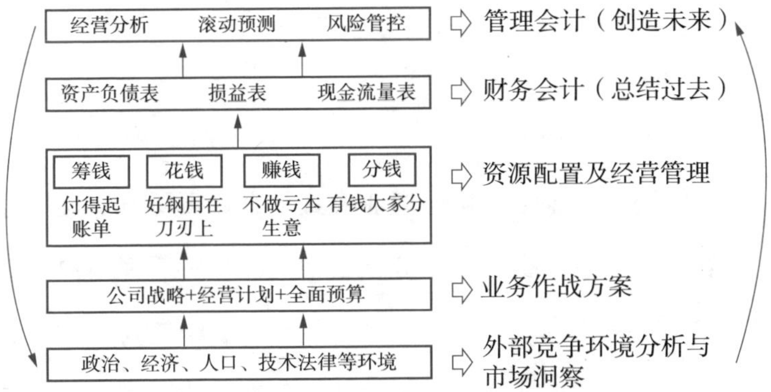

图 4–1　业财融合运营循环路径

03 企业家应重视的七种商业模式

传统产品经营模式

一般而言，竞争战略与商业模式是企业顶层设计最核心的内容，但当下不少中国企业是重视产品多过重视用户、重视战略多过重视商业模式。在“产品为王、渠道为王”的旧商业时代，这一模式或许是可行的。但在产能严重过剩、经济高度全球化的信息经济时代，很多行业都处于存量竞争的红海中，加之企业产品功能的同质化以及惨烈的价格战，导致企业利润越来越薄，有的行业甚至出现了全行业亏损现象。因此，企业必须尽快从产品竞争升级到品牌竞争、商业模式竞争，以及资本人才机制竞争的新阶段，但遗憾的是，不少传统企业目前依然处于产品竞争的低维层次。产品经营模式的特点与不足主要有以下几点：

企业经营的核心是基于消费者需求的产品或服务，企业最重要的资产是工厂、设备及专利技术、品牌等。消费者只是产品的购买者，售后服务也主要是了解并消除顾客投诉，以便今后把产品做得更好。产品经营模式只有消费者没有用户概念，而只有高频互动的消费者才是用户。产品卖掉后生意就结束了，平日里双方互动交流很少。

企业不同的产品（服务）卖给不同的用户，没有导入自家用户需要的外部厂商产品与服务。企业的产品组合是高端产品匹配高端用户，中端产品匹配中端用户，低端产品匹配低端用户。

不同的产品线意味着不同的技术方案、不同的供应链、不同的渠道，甚至不同的品牌，从而形成多品种、高库存、高研发成本、高运营费用率、低周转率的运营模式，一般要求有大规模销售去摊低高额固定成本才能盈利。

原则上要求每类产品都要盈利，这种单一 KPI 考核制度常常导致企业内部各产品线团队抢资源、抢人才、要特殊政策等部门墙现象，有时候企业部门之间你优我劣型内耗甚至大于行业对手之间的你死我活型外卷。

盈利模式单一且用户购买难以持续是最大的内伤，主要表现为：一个产品、一个成本，一次性销售、一次性收入，公司利润主要来自主营业务即产品盈利。拼多多、淘宝网上低得不可思议的产品价格，既说明了中国制造的强大也表明了中国企业的悲壮。显然残酷的价格战使得原本仅赚取微薄利润的企业更加难以为继，传统产品利润为主的商业模式已走到了尽头。

技术创新是王道，产品竞争等同于产品技术方案之争，企业资源配置的重点往往是研发与营销，很少考虑在商业模式创新与用户资产管理等方面建立竞争新优势。苹果公司不是全球专利最多甚至也不是技术最强的公司，但这一点也不影响它成为商业模式超棒且用户认同度超高的全球最高市值公司。

用户经营模式

用户经营模式是对传统模式的一次全新升级，它第一次将“以用户为中心”的商业理念真正落到了实处，并将是今后相当长一段时期内的主流商业模式，其主要特点有：

企业经营的核心是用户（客户），用户是企业最重要资产的理念完全形成。用户除了是产品的使用者、需求信息反馈者之外，也是企业最珍贵的私域流量资产。与产品经营模式不同的是，产品卖掉后企业与用户的交互才刚刚开始，它是未来更多交易更多生意的基础。产品与用户的关系如同恋人，始于颜值陷于才华终于人品，做出让用户超级喜爱的产品或服务永远是企业的第一基本功，但它只是企业成功的必要条件。今天是一个卖用户综合解决方案比卖单一功能产品更重要的时代，如腾讯、阿里巴巴、苹果、小米、华为、海尔等都致力于为用户提供一站式低成本综合解决方案，即“一个用户 + 多种需求解决方案”的新商业模式，它突破了主要依靠自家产品盈利的狭窄视野，打开了基于自家用户多元需求的多个利润来源，形成了内外部两个利润中心。

基于用户多元需求的生意空间远远大于基于用户单一功能需求的生意空间。满足用户需求的产品包括企业自家产品与第三方伙伴产品或服务，当然该类用户资源是企业独占的。企业产品组合模式是获客型产品 + 变现型产品，一般自家产品 A 是获客型产品，自家产品 B、C 分别是变现型、利润型产品，他家或第三方伙伴产品 D、E、F 是留客型、变现型、利润型产品的综合体。企业只生产自身有竞争力的产品，其他产品则来自第三方厂商伙伴。如海尔智能烤箱的“烤圈商业模式”，它除了销售自家烤箱以外，还为用户提供了多元化的一键式贴心服务，如专属菜谱、知名食材商的高品质食材、专业烘焙大师课程、用户心得体会分享会等。企业一旦成为用户某一行业生活方式的服务平台，企业就像服务会员一样服务高价值用户。这样企业产品品牌“烤箱”就升级为用户饮食生活方式品牌“烤圈”，企业通过满足用户多元需求而获取了多种收入利润，它是一种供需融合创造价值的双赢模式。

今天是一个卖服务远比卖产品重要的新商业时代，用户购买的是产品的客观功能价值及主观的情感价值。现在的美国 GE 公司卖的不是航空发动机而是发动机租赁使用时间，星巴克卖的不只是咖啡而是可以无忧无虑的第三空间及轻松写意的小资情调，他们的商业价值观真是令人叹为观止。因此，用以企业自身主打产品为核心的生态圈产品服务去满足同一类客户多元需求，极大降低了用户的寻找成本、交易成本，合作伙伴也多了一个低成本的产品销售渠道，更有利于企业打造专业高效的新运营模式，是一个利益共享风险共担的多赢商业模式。

收入成本结构：自家产品主营业务收入 + 自家配套或衍生产品收入 + 自家用户服务收入 + 自家资产租赁收入、专利授权收入 + 管理赋能服务收入 + 第三方硬件产品代销收入 +

第三方服务产品代销收入等；成本结构主要是获客成本、低用户交易成本及低生态圈供应链成本等。

盈利模式是：一次性获客成本＋多种生态产品收入，即一个成本对应多份收入，是对传统产品经营模式——一个成本对应一份收入、一个利润——的颠覆与升级。

今天企业之间的竞争是不同生态圈之间的竞争，资源配置的重点领域是“用户互动＋产品组合＋供应链整合”。用户在企业就在，产品则是不断更新的，很少有永远畅销的产品。只要该用户满意度高，则对该用户的一次性销售就容易变为高频的持续性销售，它是一种企业与合作伙伴及消费者多赢的商业模式。

七种商业模式

按照马克思政治经济学中“货币资本—商品资本—更多的货币资本”的资本循环公式，每家企业的业务都涉及政府市场、金融市场、资本市场、产品市场、服务市场、文化市场、数据市场这七大市场。从财务视角来看，企业经营活动的全过程就是钱的流动，即生生不息的资本循环与周转。具体而言，每家企业都有经营、投资和融资三大类经济活动并形成物流、资金流、信息流，而这三类活动三个“流”均分布在上述七个不同的细分市场或七个价值创造场景中，从而形成七种商业模式及盈利模式：其中产品市场与服务市场是元市场，其他五个市场是衍生或派生市场，它们共同构成企业内部与外部两个利润中心。通俗地讲，商业模式就是聚焦目标客户 A 的多元需求，推出产品组合 B，期望获得预期收入 C，但企业必须付出合理成本 D。因此，企业不能仅局限于营销自家的产品与服务，还应推出用户需要的其他企业产品与增值服务。

企业的每一笔业务都关联着上述七个不同的细分商业场景，加上外部厂商的产品服务，形成了基于同一用户多元需求的环环相扣且生生不息的“市场环”（如图 4–2 所示）。不少传统企业对上述七种商业及盈利模式只具备一些零散的想法，大多局限在产品市场、产品盈利的单一场景中，错失了本应获取的综合收益。

今天的产品市场可称为“红海”市场，而服务市场等其他六个市场可称为“蓝海”市场，这些市场的盈利能力一般相对较高。因此，企业无需跨界转行，可在现有业务领域与第三方伙伴合作，构建起基于自家用户多元需求的新竞争优势。

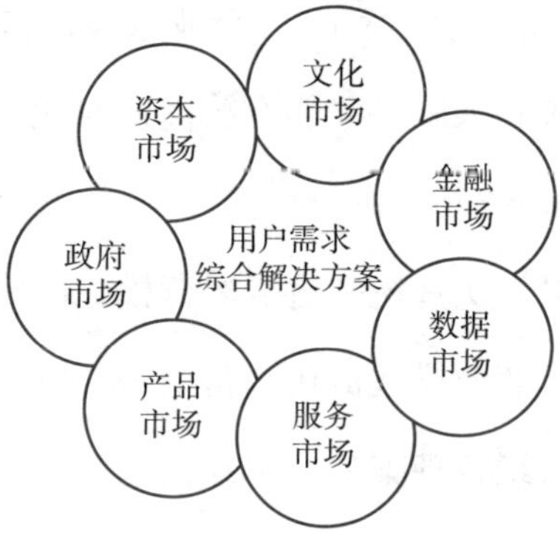

图 4-2 市场环模型

一家企业的商业模式应是丰富多样的，至少包括七个商业场景、七类业务销售，以及七种价值来源。而企业的财务部门承担着非常重要的角色，应该在七个市场里长袖善舞，把各种财技玩得风生水起而不逾矩，成为企业内部当仁不让的价值创造王者。

新商业模式的管理重点

在“用户为王”的新商业时代，“用户至上”不仅是一种服务理念，更是一种核心资产经营理念。企业应尽快将战略重心全面转移到“产品经营 + 用户经营”的新模式上来。美国管理大师德鲁克多年前就精辟地指出“当今企业之间的竞争是商业模式之间的竞争”。企业家应深刻领会大师的真知灼见并将其入心入脑，才能在新商业时代，将企业做大做强。具体建议如下：

所见即所得。认真梳理自身经营模式的短板与不足，尽快建立基于七个商业模式的用户价值观、资源配置、管理体系以及相应的组织管理架构，主动构建以企业为核心且内外开放协同的产业生态圈运营体系。

知行合一者赢。要建立用户（客户）是企业最重要资产的战略认知，要像经营会员一样去经营用户，要像对待家人一样去对待会员用户：用户承诺在企业那里更多地购买与消费，企业承诺用户更长远利益的保护与关照。尤其是用户的数字化与产业链数字化是形成用户资产并构建新商业模式的核心基石，企业必须在用户资产运营管理方面投入足够的预算资源。当下不少企业的消费者数据零散缺失且基本处于睡眠状态，这种局面必须尽快改变。

没有信任就没有交易。用户“一年一次”的低频生意模式，必须加上“一生一世”的高频商业模式，企业才能形成基于用户信任的商业运营闭环。抱团打群架的生态圈战法远远优于各人自扫门前雪的单打独斗玩法，企业要善于打造基于自家用户多元需求的产业生态圈系统去应对竞争，当然企业与用户、企业与合作伙伴之间的信任是实现企业商业模式转型升级的前提条件。

没有认同就没有合同。用户的信任与认同是一切商业的基础，新商业模式的成功取决于用户认可、伙伴认可、员工认可、投资者认可、政府认可等。因为信任与认可，同一用户才会有两次三次甚至多次交易收入，他们直接帮助公司增加了多个利润来源。“一个成本（获客）、多份收入”的盈利模式是传统企业升维竞争的利器，也是对未转型传统企业的降维打击，它很可能造成企业的指数级成长及企业估值的快速提升。

数据即价值。产业链或生态圈系统成本最优比单一企业内部成本最低化更重要。今后企业成本管理要从内部产品服务成本转向用户全生命周期内的生态圈系统成本，同时产品（服务）的研究、制造、营销、服务等要全面数字化，尤其是所有内外部产品的数字化是实现企业、合作伙伴与用户零距离的关键之关键，离开产品的数字化就谈不上用户资产的运营与管理。

各就其位各司其职者胜。生态圈产品或服务组合的整体盈利远远比单一产品盈利更重要，企业不必强求每一个产品都盈利。基于企业前中后台部门在七个市场的职能定位，企业要按照利润中心或价值创造中心的要求去改进相应的KPI考核制度，同时要按照获客产品、利润产品、留客产品等不同定位去设立相应的绩效指标。

金杯银杯不如用户的口碑。要有企业商业模式创新与技术创新同等重要的新观念，用户认可满意体验爽是比获得专利奖杯更重要的事情，用户成功的商业故事远比技术成功的商业故事重要得多。新商业文明时代优秀企业的最佳定位或许就是：要做能满足用户多样需求的多元化解决方案企业（一个用户+综合解决方案），而不是满足用户单一需求的多元化产品企业（一个用户+多种单一功能需求解决方案）。

04 读懂财富密码，成就伟大企业

财务学是经济学、管理学与数学的交叉学科，财务学擅长用简洁的数字与公式揭示业务运营的本质特征及商业逻辑，当下渐入佳境的数字财务是“大道至简”的绝佳体现。通过以下几组数学公式，结合中外成功企业的管理理念与经典案例，以及个人对企业运营规律的感悟与理解，向大家简要解读成功企业数字财务的精确、均衡与愉悦之美。

1. 51%>100%

控股 51% 的企业可整合包含员工团队在内的其他股东 49% 的资本、客户、人脉、信息，并组成一个利益共同体。控股 100% 的企业则接近单打独斗吃独食，一言堂的治理结构往往与低决策质量有正相关性，会导致企业越做越弱、越做越小。

“51%+49%”意味着大家共同赚钱、共同分钱的机制，而 100% 控股，则意味着大家共同赚钱，一家独享的机制。显然，前者比后者更能激发每一位股东和员工的积极性与创造力，二者创造的经营绩效可谓天壤之别，如 1997 年的 TCL 增量奖股模式便是迄今为止最成功的企业股权改革案例之一。经营机制是企业的第一生产力，而拥有“后其身而身先，外其身而身存”格局与“为而不争”胸怀的企业家才能成就伟大事业。

2. 1 × 5>5 × 1

用 1 块钱周转 5 次所赚取的净利润要远大于用 5 块钱周转一次赚取的净利润。二者毛利润相同，但由于材料成本、财务及管理费用、风险资产状况等大不相同，其净利润率也大不相同。在存量经济时代，高效率低成本优势是赢得商战的重要撒手锏之一，也是阻吓新竞争对手进入该行业的硬门槛。

3. 1%>99%

人无我有、人有我新的差异化战略是最好的竞争战略。产品（服务）同质化是残酷的红海价格战，产品（服务）差异化则是甜蜜的蓝海价值战。

你的产品（服务）可以与对手的有 99% 的相似性，但必须要有 1% 的不同之处，且要让用户发自内心地认可这 1% 的不同。如果产品本身很难创造出差异，则必须做好客户差异化、营销差异化、渠道差异化、场景差异化，以及内部的考核差异化、激励差异化等，以此弥补产品（服务）所需的那 1% 的差异。

4. 1+1>2

有协同效应的强强联合创造的价值应大于（至少要等于）两家企业原有的价值之和，否则就是一桩失败的并购或整合。一般来说，做强能力是做大规模的前提条件，大而不强必然消亡。并购要么是补能力短板，要么是让长板更长。

并购整合管理的内涵是多方面的，包括交叉持股、成立合资公司、低附加值业务外包、核心资源互换、产学研协作、核心技术共享、供应链与金融协同等。企业的并购整合有三大关注要点：双方业务有协同效应；双方团队都能管理好协作业务；双方可承受业务协作失败后的损失金额。三者缺一，双方原则上不应进行并购整合。

5. 5−2>3

做大是本能，做强是本事。企业的能力及资源都是有限的，那些明白“少就是精、少就是强、少就是多”的道理并善于做减法的企业才能活得好、活得久。企业要有一个对非健康或有毒业务的关停并转机制，资源务必要聚焦于最能创造价值的少数业务（产品、客户、渠道、团队等）上，及时重组非健康业务是企业创造价值最快，也是最简单的途径。一般而言，业务重组的三大财务标准为：连续三年收入增长下滑，连续三年毛利率下滑，连续三年经营净现金流为负数。

选择大于努力，放弃就是拥有：成功的战略首先要明确“不做什么”，只赚自己能力范围内的钱是一般常识。然而很多企业常常困在失败业务的沉没成本中，不愿也不敢重组那些长期亏损的业务，最后兵败如山倒的案例比比皆是。

6. 20%+80%=180%−80%

过去，公司20%的产品（客户、员工）创造80%的利润，80%的产品（客户、员工）创造20%的利润。而现在，公司20%的产品（客户、员工）可能创造公司180%的利润，而80%的产品（客户、员工）创造公司80%的亏损。这一趋势性描述可能不太精准，但它是商业模式的一种进化而非退步。

一般来说，公司参与商战的产品矩阵各有定位，有的产品用于提升利润，有的产品用于打造品牌，有的产品用于免费引流，有的产品用于打击对手的高盈利产品，还有的产品是用于提升用户体验的。传统的绩效考核模式是要求每个产品都要赚钱，各算各的账，常常导致部门与产品线之间争资源、争客户、争销量，没有形成合力共同参与竞争，这是一种落后的资源分配及绩效管理模式。今天的商战强调以整体的系统战，而非以局部的单兵单线打击对手，企业更在乎的是全局的战略胜利而非局部的战术输赢。

单个产品盈利最大化并不意味着企业整体利益的最大化。产品集群是企业参与商战的工具武器，它们分别承担着进攻、防御、侦察、暴露、后勤等不同的职责使命，当然不能使用同一标准（是否盈利）衡量绩效。要求所有产品都赚钱，也就意味着资源的分散运用及产品竞争定位的消失，这样的企业是不可能赢得战略胜利的。

7. $0.9\times0.9\times0.9\times0.9\times0.9=0.59$

假设一家企业由 5 个平行作战部门组成，年终绩效考评每个部门得分为 0.9（满分为 1 分），最终企业整体的绩效得分约等于 0.59。5 个优秀的部门合力打造了一个不及格的企业，传统绩效管理的结论竟是如此不可思议。要树立新的绩效评价观念，绩效考核基准线要重新校正：传统的 0.9（90%）= 不及格，传统的 100%= 及格，110%= 良好，120%= 优秀，150%= 卓越。具体的基准数值可因“企”制宜，但成功的企业必须要求各部门超额完成各自的目标，特别要强调的是，100% 完成目标只是最低绩效及格线。

如果上述公式变为 1.1 × 1.1 × 1.1 × 1.1 × 1.1=1.61，则意味着各部门超额完成目标 10%，而这家企业的绩效要优于目标 61%。这也意味着竞争对手将承受巨大压力。

如果上述公式改为 1 × 1 × 1 × 1 × 0.1=0.1，则意味着四个部门 100% 完成目标，一个部门只完成 10% 的目标，那么这家企业的整体绩效只有 10%，这便是“一颗老鼠屎，脏了一锅汤”的生动呈现。

05 财务是管理，更是经营

企业是一个配置并经营各类有形、无形资源的商业组织。从某种意义上讲，企业经营就是资源的经营。在企业正常经营过程中，一般是先有财务回报目标，后有业务目标及经营计划，业务目标是实现财务目标的工具与手段。

财务与业务就如硬币的一体两面，实质上是同一件事的不同说法。比如，业务人员说项目投资战略好，财务人员就可以说项目投资回报率高；业务人员说客户质量好，财务就可以说客户利润率高；业务人员说产品定位好，财务人员则可以说产品单价高；等等。

财务经营

经营是一个人们耳熟能详的概念，但想要将其说清楚，可不是那么容易的。我较为赞同的一种说法是："经者，径也，乃企业未来发展方向；营者，营收，谋利赚钱也。”事（业务）对了，找钱、找人会相对容易，花钱才有可能花对。分钱的机制对了，赚钱也就不是什么难事。

财务经营就是要制定正确的发展战略，通过整合社会资源，为客户提供优质的产品和服务，从而谋取利益。企业所有的有形、无形资源，实际都是钱的各种表现形式，企业经营实质上就是财务经营，就是钱的经营。

1. 财务经营三特性

（1）外部性

经营主要是与企业外部客户、供应链、金融伙伴及政府部门等打交道，要通过深度的沟通与协商，找到大家最大的利益公约数，才能实现合作共赢。企业与外部机构之间是平等的，彼此只能通过求同存异的耐心说服，去建立信任与认同。因此，一个优秀的企业经营者，必须具有绝对诚信的品格、高维的智慧认知、深刻的远见卓识、宽广的胸怀、乐观开朗的性格及高尚的人格魅力，善于换位思考，并说服打动伙伴，一起达成双赢的长期友好合作。长期与钱打交道的CFO也必须满足上述要求。我以前常对我的同事们说：没有信任就没有交易，没有认同就没有合同。这句话同样适用于所有与外部合作伙伴打交道的人。

（2）以顾客为中心

企业经营也是顾客经营，顾客经营就是经营人性的优点与弱点，就是取悦并成就顾客。华为公司创始人任正非说："成就顾客是企业唯一的使命，只有实现顾客价值才能实现员工及企业价值。"

外部顾客是企业经营绩效的唯一评价者，也是企业真正的利润中心即衣食父母。经营者必须深刻理解人性，深刻洞悉顾客的痛点、痒点与爽点，要有极强的市场洞察力及商机敏感性，要善于站在顾客立场去思考与解决问题，才容易找到彼此共鸣的利益共同点，从而达成双赢的目的。

（3）个性化或非标准化

从来没有两个相同的客户。商场如战场，战场形势千变万化，企业只有以不变应万变才有胜算。因此，企业经营行为其实没有一个固定的战法套路与管理标准，它是很个性化，或者说，非标准化的，是一种强结果导向、弱过程管控的绩效文化。

2. 财务经营三领域

传统教科书里讲的财务一般专指财务管理，很多企业财务总监岗位职责说明中所涉及的内容大都属于财务管理领域，如建立制度、搭建体系、风险管理等。这是一个存在已久的行业大误会，是时候拨乱反正了。既然企业经营是资源的经营与变现，那么企业经营从某种角度来说，就等同于钱的经营或者财务的经营，财务总监当然不应只履行管理职责，他应该是企业核心的经营决策者。

财务经营可大致分为三个领域：

（1）战略财务

财务无所不在，有钱有风险的地方就有财务。战略财务首先要渗入企业战略及行业赛道的选择与论证中，其次，还要按照选定的战略方向，做好商业及盈利模式的选择设计、组织结构搭建及 KPI 指标匹配等。

（2）业务财务

战略明确后，接下来就是“研产销 + 人财物”的内部深度融合、外部资源整合与产业链协同运营。内部是研、产、销三端的全价值链营运，外部是产业链生态圈内多场景经营。业务人员与财务人员都是同一战壕里的伙伴，都是公司的价值创造者。

（3）金融财务

企业活动领域除了产品（服务）市场，还有金融市场。金融市场主要包括资金市场与资本市场，企业的财务团队应是金融市场的主角。

相同的业务，获利相同的企业却有不同的市值，这就是市值管理的价值所在。市值管理的核心就是投资人对企业战略及整体价值的认可和预期，资本经营的难度与复杂性，丝毫不亚于业务伙伴主责的产品经营与用户经营。这项工作一般由 CFO 分管，属于企业大财务职责范围。

3. 财务价值链产品矩阵

财务既然是企业经营的一部分，它当然也有自己的目标客户、财务战略及供应链管理等系列产品，一般以分析报告、管理建议、合同条款、解决方案及金融产品等方式为企业经营提供支持。

战略财务产品：主要包括行业商机洞察及发展战略的财务论证报告，商业及盈利模式设计，财务战略及风险计量模型，资本预算与资源整合方案，战略成本与绩效管理制度，资本结构业务重组方案等。

业务财务产品：主要包括业务结构调整与资产结构优化，顾客价值洞悉与产品功能设计，目标成本与产品定价管理，融资策略与金融产品供给，经营分析与业务诊断重组，生态圈金融与战略伙伴关系管理，业务风险管控与不良资产处置回收等。

金融理财产品：资金与产品一样都是商品，财务人员的主要目标是企业综合融资成本最优、现金流稳健及金融资产保值增值，是企业综合性金融解决方案的最终提供者。他们主要与商业银行、政策性银行、投资银行及其他非银金融机构打交道，其中的学问技巧较为复杂，这里就不展开介绍了。

财务管理

管理就是管人理事，就是通过管好人去将事理好。“管好人”重在激励，其目标是建立一个有战斗力的组织，从而让企业整体高效率运转。管理涉及三大机制建设：分责、分权、分钱。

“理好事”重在制度和标准的制定与执行，旨在确保团队可以正确高效地做事或尽量一次把事情做对。它包括制度流程、分类政策制定、检查考评等内容，是一项高度标准化的工作。好的财务管理，尤其是资金链管理，不一定能让企业活得好，但它至少可以保证让企业活着。否则，企业连翻盘的机会都没有了。制度是企业的另一个“老板”，“制度面前人人平等”必须成为优秀企业管理文化的重要组成部分。与财务经营三特性相对应，我认为财务管理也有三特性：

1. 内部性

财务管理的内部性主要涉及企业内部人、财、物的效率与风险管理，上下级之间、部门与部门之间必须有严格的责任边界与权力划分，但财务管理服务必须覆盖企业内部的每一个岗位及运营场景，如研发财务、制造财务、营销财务、HR 财务、金融财务、品质财务等，企业内部的每一个人、每一个岗位、每一个部门都是财务管理与服务的对象，今后以为业务伙伴提供业财融合解决方案为核心的场景式财务将成为传统财务转型升级的新方向之一。

2. 以员工为中心

以员工为中心，激发员工及团队潜能，让社会的人才成为企业的“人财”。管理的逻辑就是先成就客户、再成就员工、后成就企业。因此，管理的核心就是激励并成就员工，管好了人就是管好了客户、管好了钱、管好了业务。

3. 标准性

俗话说，没有规矩不成方圆。管理就是要立规矩、定制度、出政策，还要保证其落地执行到位。财务的本质是收益风险的均衡，企业涉及钱的任何运作都必须是规范可控的，严谨规范的财务管理决定了企业发展的底线与下限。

06 静观大浪翻天起，自有中流稳渡舟

步入 2023 年，世界会有哪些新的机会与风险？行业格局的颠覆重构对我国企业意味着什么？全球市场不确定性的大船会驶向何方？我们如何应对潮起潮落的商业趋势？

法国著名历史学家、年鉴学派代表人物费尔南·布罗代尔（Fernand Braudel）提出了著名的“历史三段论”，他解读世界历史的智慧卓识，堪称看透天下大势且破解未来不确定性的三把钥匙：

长时段（地理时间）：一个国家的地理环境、文化传统、气候变化、政治体制等构成一国历史的深层结构，这些几乎静止不动或缓慢变化的长期要素对历史进程起到决定性作用，主题词是“结构”，即决定历史发展的第一要素。如中国是有根的大陆文明，崇尚等级、和谐与秩序；西方是无根的海洋文明，崇尚平等、暴力与创新，二者的

差异是长期存在的。真正的高手是能用心看清看透“背后结构”的人，这些结构决定着每一个企业、每一个国家的未来。

中时段（社会时间）：它是一定时期内相当稳定的社会与经济技术等周期性因素，对一国的历史进程起到直接与重要的作用，如人口增长、物价升跌等，主题词是“趋势或周期”，即决定历史发展的第二要素。它是直接影响人们做出关键决策的主要变量之一，它是真正的“人类社会史时间”。小米 CEO 雷军说做事要顺势而为，显然是明理之人。

短时段（个体时间）：它是一些偶然或突发的事件，如辛亥革命、帝王将相之争等，它们是几乎可以忽略且转瞬即逝的个体历史，其主题词是“事件”，即决定历史发展的第三要素。它们属于历史的表面层次因素，却是今日传统史学的核心内容。

有人说历史宛如大海，地理时间如同大海深处的洋流，社会时间是潮汐，个体时间则如同一朵朵浪花。布罗代尔教授的“历史三段论”与中国易经的“不易（结构）、变易（趋势）、简易（规律）”有异曲同工之妙，看来中外智者的心灵是完全相通的。它让我想起一句俗语：内行看门道（关注故事角色背后的结构与趋势性因素），外行看热闹（只关注故事主角、配角人物命运的变化）。他的学说告诉我们：眼睛看到的、耳朵听到的东西，其实是一些无关紧要的表层信息，决定世界及国家发展大势的永远是那些必须用心用智慧才能悟到的“结构与趋势”类中长期要素，“结构＋趋势＋事件”就是我们洞察世界与社会的三把钥匙。国家如此，个人及企业也如此。

企业要在新财年做出正确的决策并取得良好的发展，务必要看清读懂2023年的内外部市场环境，做好“衡外情、量己力”的功课，弄清重重迷雾后面的变与不变因素，才能从不确定性的世界市场里找到企业健康发展的确定性。

结构定天下

“结构”是事物未来发展的决定性因素，企业的顶层战略即属此类。企业如何看清并成功穿越扑朔迷离的2023年，以下因素绝不能忽视。

第一，企业要优先巩固发展国内根据地市场，要有一个将国内市场做深、做精、做强的长远规划。

第二，企业要有选择地拓展全球各国市场，尤其是2022年生效的RCEP协议中所涉及的国家应是优先拓展重点。

第三，企业应比以往任何时候都更加重视客户价值创造与客户关系维护，这也是企业成功的第一性原理。客户是企业持续经营与永续存在的根本要素，企业应将以“客户是衣食父母”为核心内容的企业愿景、使命、价值观落到实处，使其成为指导每一个员工言行的最高纲领。

趋势赢未来——高瞻远瞩，积极拥抱

万物皆有周期，企业成功需要依靠周期。任何人在任何时候都不要高估自己的能力，认为自己可以逆潮流而动，与天地较劲者必败。

中国的老龄化趋势标志着中国已由人口红利期进入人口负担期。要高度重视目标客户新价值及新战略关注点，例如在文化自信环境中成长起来的“90 后”一代，他们崇尚国货品牌及个人体验感受，是理性实用消费的代表，他们是当代中国商业及消费潮流的主导者。

AI 改变世界的趋势不可逆转，企业数字化转型时不我待。核心关注点有三：其一，创新是提升企业竞争力及客户价值的最有效手段，创新就是要打价值战，而不是打价格战，一部分缺乏创新能力的传统企业将被迫出局。其二，高科技意味着高风险，摩尔定律意味着技术创新的高成本和高风险。企业要善于整合外部技术资源为我所用，除关键核心技术外，要广泛地与全球伙伴结成技术合作同盟。其三，不要因为某项政策优惠而随意调整自己的战略选择，基于政府补贴的技术战略及商业模式都是不可持续的。

居安思危，预变而变

全球地缘政治中的局部战争事件，各国突然的政策调整可能会成为常态化状况，可能导致投资、贸易、金融政策等说变就变。部分大中型企业及中小金融机构破产重组引发的信用危机正在加剧，始于2020年的全球经济寒冬或将持续下去，企业家需打起十二分精神谋划对策。

1. 战略调整常态化

一般而言，在经济下行期，活得最痛苦的是那些重资产、高固定成本的企业，而中国企业基本上都没有定价权，未来的苦难可想而知。存量市场已接近天花板的行业，受限于边际效应递减规律，不应继续扩大资源投入，大而不强的玩法该就此终结了。一哄而上的投资就像旅游，往人堆里跑最没意思。以往错误的决策就不必再坚持，此处跌倒可在他处崛起。何必两次，甚至多次踏进同一条错误的河流呢？

聚焦当下商业趋势的变迁与升级，尽早布局基于自身核心能力的第二增长曲线。企业在看不清自身所在产业的结构与趋势的情况下去制定战略，相当于蒙眼走路。企业须自下而上，广泛吸取一线员工及用户意见来制定战略。

企业资源充足时，应加大投资并购力度，补全战略短板；企业资源短缺时，应备足“冬粮”，减少无意义的消耗，尽量活得比对手久一些。华为将2022年的战略目标定为“有质量地活下去”，活着就是骄傲。

2. 掌握客户及产品分类管理策略

几乎所有的企业都讲“以客户为中心、以市场为导向”，但其实很多企业并不清楚自己客户的所思所想、所爱所恨、所忧所乐，在这样的情况下，企业若能做出符合自己客户价值观的优质产品，便可称之为神话了。“以客户为中心”关键要做到以下三条：其一是准确定义好自己的目标客户，不要爱错了人，付错了感情，否则就是费力不讨好的资源浪费。其二是对现有客户认真梳理，做好分类，如高价值客户、高潜质客户、高品牌客户、高风险客户及负贡献客户等。对不同的客户要有不同的经营定位，要讲好自己的品牌与价值观故事。其三是多听一听客户的好评与差评，这样才有利于了解客户的真实想法与感受。同时，也可借机验证企业商业策略的有效性如何。

3. 坚持现金流至上而非现金至上

近几年，一批行业头部企业因资金链危机陷入破产重组的困境，其实这也可以看作他们是在为过去的盲目扩张买单。当下是中国产能过剩、行业内卷最严重的时期，那些缺乏核心竞争力、经营机制落伍，且贪大求快的企业将最先倒下。有专家说："在没有足够竞争优势的情况下，企业规模扩张不产生任何价值。"

2023 年应是稳中求进的年份，企业无须把目标定得过高而自我折磨，把企业做得健康比什么都重要。

现金流至上是指要建立一种现金流入大于现金流出的良性循环机制，现金至上只是现金流良性循环机制的运营结果。现金流至上意味着现金流比利润更重要。企业一定要吸取那些黑字破产企业的教训。现金是氧气，企业 CFO 一定要守住这一事关企业生存发展的底线。

在运营资金管理策略方面，不要贪求一时大规模采购与制造成本节约而去承受未来销售不畅时的跌价减值痛苦，系统成本最优远比局部成本节约更重要，大家千万不要把账算反了。很多企业家都说，最痛苦的事就是积压库存的处理，前车之鉴啊。

4. 为组织效率划红线

我认为，从财务维度评价一个企业优秀与否的标准有三条：价值创造能力是否优于同行（高毛利率），组织管理效率是否高于同行（低人力成本费用率），人均薪酬水平是否高于同行（高人均工资），也可称为“两高一低”。

市场、客户与政策在变，组织必须以变应变：要么增加价值创造能力强的部门，要么裁减负贡献的部门。底线标准是企业费用率不能高于行业平均水平，这也是前台业务部门与后台人力资源必须遵守的红线。

营收规模及毛利率连续三年下降的产品线、事业部及渠道应加快重组，消耗资源却不创造价值的业务被喻为“有毒业务或资产”，企业应当机立断，及时将其舍弃。

用好外协合作机制，原则上除高技术含量、高价值环节外的其他业务都可以考虑外包。精简的业务才会有精干的组织，这是优化组织的根本。很多企业不明白产业链与价值链的区别，不善于与能力强于自己的产业链伙伴合作，总想什么都自己做，结局往往是越努力，越亏损。

5. 更加善待优秀员工

优秀员工是企业最有价值的资源，也是企业价值创造的源泉；信任并尊重员工，员工就是资本；不信任、不尊重员工，员工就是成本。

企业应慎用降薪的下下策，有福不共享、有难须共担的企业是做不长久的。如果迫不得已必须这样做，至少要向员工说明原因，并承诺歉年减的薪水会在丰年补上。

HR 与财务部门要紧盯行业标杆企业薪资水平的变化情况。企业再穷，也不要让优秀员工的薪酬水平低于行业平均水平。

企业要充分信任并授权员工施展拳脚，员工的成长就是企业的未来。马云曾说："好领导让员工拥有权力，坏领导让员工承担责任。"

6. 积极拥抱数字化浪潮

数字系统是企业生产力与生产关系的要素之一。数字经济正在重构产业发展的新逻辑，企业应积极拥抱数字化浪潮，CFO 是企业数字战略责任的主要承担者。

企业应有一个务实且分阶段推进的数字化转型战略及资源预算，最高目标是打造一个高效、精简的流程型生态组织。

财务部门要引进了解大数据的技术人才，逐步优化部门的人才结构，否则传统财务部门会在这场数字化浪潮中慢慢走向边缘化。

数字化战略核心在于提升企业数据的分析预测水平及企业的决策支持能力，要成为未来公司战略及商业模式变革的驱动力。初级阶段的考核指标设计要侧重帮助业务部门提升效率、降低风险，同时提升企业资源配置的效率与效果。不要为数字化而数字化，要让 CEO 及业务主管逐步感受到“数字战斗力和数字生产力”的巨大威力。

7. 风险管理须上升至战略级别

不少企业缺乏制衡或纠错机制的决策体系，企业管理者一旦做出错误决策，后果往往不堪设想。一般的优秀企业都有反决策机制，规定任何决策如没有反对意见就应该停下来，暂不做最终决定，这样可以将非理性决策降到最低。

医生常用坏胆固醇（低密度蛋白）比例来衡量一个人心

脏的健康程度。其实，企业同样有一些类似的可致命的指标。管理好这些非财务类风险预警指标是企业取得良好经营绩效的必要条件。

企业可以对下述指标实行“红黄绿灯”型分类监测与管理：高价值客户流失率，新产品成功命中率，新客户收入占比降低率，网络愤怒用户投诉增长率，员工满意度敬业度及幸福指数下降率，TOP100 最有价值员工离职率，公司人力成本增长率，单一供应商业务占比增加率，合理税负偏差率，利润现金比下降率，双碳业务占比提升率等。

第五章

财务人的价值观与修行

01 价值观，当今社会最稀缺的资源

价值观是判断是非对错的标准，是为人处世的基本规范，是重要决策的底线基准，个人与企业均如此。可遗憾的是，不少人定目标、做决策的依据都是经济学视角的“利益或金钱”。只有少数人做决策时，先是从道义、价值与意义出发，必要时再考量事情的经济回报。中国知名投资人张磊在他的《价值》一书中说道：“把价值观放在利润的前面，坚信价值观是这个企业最核心的东西，那么利润将只是做正确的事情后自然而然产生的结果。”

天地人三才价值观分析框架

北京邮电大学蔡亮华教授根据“三生万物”原理总结了一套思想体系，分别对应着天（宗教）、人（哲学）、地（科学)，“三”字中间的“一竖”为“内圣外王”之道，四者融为一体构成“王”字，揭示了今日中华民族再次“王者归来”的复兴之道。我借用蔡教授的“天地人”模型，将其转化为如图 5-1 的企业价值观三层分析框架。

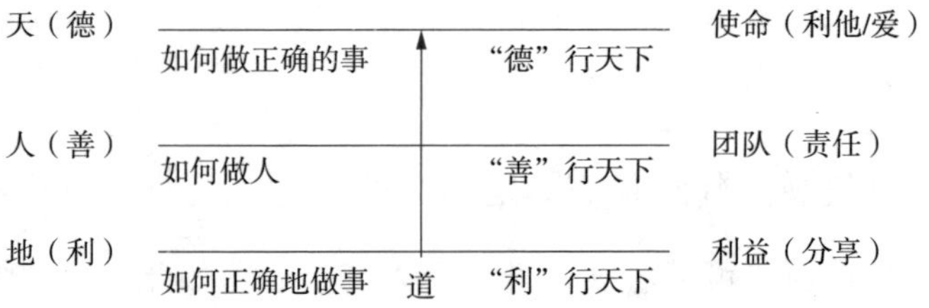

图 5-1 企业价值观三层分析框架

1. 正确做事的价值观——“利”行天下

没有利润就没有明天，没有现金流就没有今天，赚钱永远是企业最重要的目标之一。企业与各利益相关者的共生共荣机制是当今企业核心竞争力的来源之一，它属于科学管理之术，核心词是“价值创造与价值分享”，包括宏观层面的利润价值观与微观层面的利润价值观两方面：

（1）宏观层面的利润价值观

每家企业一般都有 6 组重要的生产关系，企业必须公正地当好这 6 个利益相关者的利益代表：企业与用户、企业与合作伙伴、企业与政府、企业与员工、企业与股东、企业与公众。大家既是基于各自的利益目标而合作，同时也是基于共同的价值观而结成利益与命运共同体。当今世界是一个合作大于竞争，且追求合作共赢的文明社会，也是一个分享重于独占的新经济时代。用户的体验、员工的利益、伙伴的契约、政府的回报、股东的价值等都必须通过一定的机制与规则予以保护。一家企业如果只考虑自己或股东的利益，而忽略其他利益相关者的合理利益，这样的企业不会长远。

基于正心正见正道的“战略、模式、结构”是企业价值可持续成长之路。

没有聚焦，就没有战略，没有战略，就没有成功，企业必须高度聚焦自己最擅长的业务，并做好最优资源配置。企业的战略要顺势而为，不要逆风飞扬。

商业模式与盈利模式的科学设计是公司战略落地的核心。但仍有不少企业在产品服务的红海中挣扎过日子，很少从用户体验、文化品牌及生活方式等精神价值视角去努力构建新的商业模式。

一家企业想实现可持续发展需做好 3 个结构：客户结构、资产结构及组织结构。前两者是企业价值成长的可持续源泉，后者是企业可持续成长的底层地基，三者缺一不可。

（2）微观层面的利润价值观

一家企业一般要经历创立、成长、成熟、衰落、转型的周期循环，企业发展的不同阶段的核心价值源泉及资源配置重点是各不相同的。企业要时刻让自己的利润及价值最大化，必须高度重视自己的利润价值观并做好以下的核心价值点：

企业创立初期——产品＋技术：决定企业价值的核心是技术，运营重点是研发成果要尽快变为产品，产品要尽快转化为销量，而新产品获得用户认可是前提。

企业成长阶段——营销＋规模：新产品入市后要快速做大规模且将销量转化为利润，做大毛利做低成本是关键，这一阶段是讲述企业成长故事，并吸引外部战略投资的关键时期。

企业成熟期——品牌＋资本：品牌是延长产品生命周期及提升获利能力的利器，利润要尽快转化为现金，同时企业要主动联合战略投资者提前布局自己的第二曲线，也可以并购一些有协同效应的业务，即花钱买企业未来的新收入与利润来源，利用第一曲线的资源及积累做好未来的产业布局是这阶段的重点。

企业衰落期——风险 + 现金：一旦产品或业务处于市场规模逐步萎缩的存量市场中，就可能会成为一个边际收益递减的高风险业务，就要提前考虑将其重组或出售以尽快收回现金，并为未来的新业务布局储备资金。

2. 正确做人的价值观

如何正确做人是指如何做君子贤人士人一样的职业人。这方面，我国古代圣贤有很多经典的教诲："己所不欲，勿施于人""富贵不能淫，贫贱不能移，威武不能屈""从道不从君，从义不从父，人之大行也""仁者无敌，勇者无惧，智者不惑"。

上述圣贤的精彩观点可简化为三点：善良、正直与真诚，或者可概括为一个字"善"，其核心含义就是"责任担当"。"善"就是要尽心尽责履行好自己义务的同时，还能主动地做一些利他、利集体之事，能时刻把别人的事情与利益放在心里，尽量帮助别人达成目标。

3. 做正确的事的价值观——"德"行天下

天地之德是一股充盈天地间的正气，有一种巨大的正能量，它让我们在做正确且有意义的事情时，产生自信、激情、毅力和勇气。没有任何人可在德行卑劣的基础上成就一份伟大的事业。

有人说“利他”是世界上最伟大的商业模式，我深表赞同。企业成功其实就是企业家个人内在功德的成功，而非其个人的功名利禄，优秀企业家必须有超越金钱利益的价值追求，在不断反省与磨炼中找到上天赋予自己的真正使命，从而真正打开人生的格局。

综上所述，“德、善、利”是符合天道人心且充满正能量的核心价值观，是像日月星辰一样永恒的存在，是让企业永葆青春的负熵系统，是让企业立于不败之地的无形资产与资本。

企业价值观重构

2500年前的白圭商圣提出了“商人四德”，即“智足以权变，勇足以决断，仁足以取予，强足以有守”，几乎就是“德善利三层价值观”的经典版本。如何获取个人功名利禄属于凡人之学，如何做好自己并成就他人属于君子之学，如何造福天下属于帝王之学。伟大企业的价值观就是融合上述三者的“内圣外王”之道。企业决策不能只是考虑业务本身财务回报的多与少，必须要同时符合以下三个原则：利益多赢、事合良知、德上利他。

做好企业经营，首先是要找准天道赋予企业家个人的使命与定位，品德、格局、远景决定一个人的事业能做多大，缺乏天下为公的格局与德行的人永远不可能成为受人尊敬的行业领袖。当下中国企业还急需补充完善自己价值观中缺失的重要内涵，并要落实到日常行为规范之中，主要包括制定企业价值链与生态圈内的利益分享机制；强化企业内部各层级部门及员工的责任感与行为规范；融合社会主义核心价值观与自身价值观，力争成为一家负责任、有担当、守底线，且广受尊敬的良心企业。

“小德川流，大德敦化。”伟大的时代呼唤伟大的企业家，伟大的企业家成就伟大的企业。纵使向善向德之路痛苦艰难，我们仍然要正道直行，并相信利行天下、善行天下、德行天下，唯有如此，我们才会有光明的中国、正义的中国、幸福的中国！

中国企业还缺少什么

改革开放40余年来，国家经济快速发展，我国已成为

GDP居全球第二位的经济大国。这离不开中国企业家的巨大贡献，那么现今的中国企业及企业家到底还缺少什么？他们与世界杰出的企业家相比，差距在哪里？

1. 智

当下，源于中国企业的原创类商业智慧是非常少的，硬核科技及商业模式创新更是少之又少。不少企业家将自己的主要精力花在搞政商关系、找靠山上，相信“找市长强于找市场”，战略上贪大、求快，以抄袭对手为主要目标，自己独创的东西不多。缺少真正的“智”，其个人及企业的未来发展可想而知。

2. 勇

“勇”一般指在正确方向前提下的果断决策，敢于冒险善于竞争。今天，仍有不少企业家故步自封、狂妄自大，没有一个长远的战略规划，总想着什么赚钱做什么，什么来钱快做什么，这也是导致我国企业平均寿命较短的原因之一。

显然，“勇”也要与“智”结合，不能“蛮勇”。因盲目多元化而倒下的企业其实并不在少数，这种赌徒心态的机会主义者的“勇”只是一种“蛮勇”，而非“神勇”。

真正优秀的企业家一定是具有全球视野及道德水准、深度了解行业趋势格局，且致力于打造百年老店的长期主义者。金钱从来不是评价一个人是否成功的唯一标准。华为长期聚焦通信产业主业，地处深圳，却坚持不做最赚钱的房地产生意，深知自己擅长什么且勇于不做什么，这才是真正的勇敢。

3. 仁

仁者爱人，大仁者爱国家爱行业爱百姓且以天下之利为利，小仁者爱员工爱用户爱伙伴。企业当然需要追求可持续的利润回报，但缺乏清晰的远景使命及价值观的企业是无法走得长远的，没有理想信仰的企业只能成为一个“有利而来，利尽而散”的雇佣军团而已。

一流的企业以振兴国家产业为己任，时刻牢记服务百姓、回报国家的使命感，是受人尊敬的世界企业公民。一流的企业家应是“计利当计天下利，求名应求万世名”的杰出代表，而财富仅是他们事业成功的副产品而已。

日本杰出企业家稻盛和夫所提出的“敬天爱人”的价值观是值得每个人学习的，而稻盛和夫也是中国企业家学习的榜样之一。

4. 强

“强”是指高度严格的自省、自律、自警，能够时刻约束并管理好自己的言行。我们的先贤老子在《道德经》中提出：胜人者有力，自胜者强。他认为能战胜或克制自己的弱点或欲望才是真正的强者，也就是说自律者最强大。当下，一小部分企业家的短板是非常明显的：内部方面任人唯亲，唯利是图，固执己见，甚至目无法纪有空子就钻；外部方面政商勾结，挖坑诈骗，忽悠失信，行贿受贿等，脑海中哪些该做哪些不该做的界限非常模糊，缺乏对市场、用户、法规等最起码的敬畏之心，自律意识强的人不多。

中国企业家未来的出路何在？

白圭的“商人四德”是中国“内圣外王”传统文化在商业领域的理性表达，至今仍然具有强大的生命力与现实意义。从“商人四德”中，我们可学到些什么呢？

1. 树立正确的财富观

企业家要在“仁”的基础上正道经营，做到“君子求财，取之有道”，要凭自己的聪明才智及勤奋劳动去获取阳光财富。同时，企业家要有多赢的价值观，要对客户真诚，对伙伴尊重，对员工友善，遵纪守法，善于分享财富。此外，企业家要让财富流动起来，用财富去创造新的价值，造福社会，多为国家分忧，不要做一个“守财奴”。当然，企业家还应重视人品、口碑、价值观、企业文化的建设，那是比金钱更重要的无形财富。

2. 树立更高的目标追求，勇敢担当振兴民族产业的历史重任

《道德经》中有这样一段话：“天长地久。天地所以能长且久者，以其不自生，故能长生。”老子认为，天地长存的原因在于天地无私，只在乎万物的利益，最后反而自己得到了长存永生的好处。先利他后利己是天之道，也是最高级的企业经营智慧。

优秀的企业家既是用户价值与股东价值的创造者，又是百姓利益与国家利益的保护者。因此，企业家要高度重视对自身价值观的提升，力争成为一个有智慧、有担当、有家国情怀的新时代的优秀企业家。

此外，企业家还应牢记“财聚人散、财散人聚”的古训。要低调谦和做人，积极投身公益事业，去帮助有需

要的人。

3. 建立“信用即财富”社会法规体系

国家要加快全社会诚信机制的建设，打造“信用即财富”及“不敢腐不能腐”的社会法规体系，让守信者有回报、失信者倾家荡产甚至身败名裂，确保所有企业的“诚信经营、正道经营”有坚实的法规制度保证。

4. 建立具有中国特色的商业道德经济体系

我们已经到了必须严谨系统准确理解并发扬光大亚当·斯密《道德情操论》及白圭商圣“商人四德”的时候了，过去四十余年的改革强调了“市场”这一只看不见的手在资源配置中的决定性作用，且成效巨大，今后我们应该更加重视另一只看不见的手——道德经济学伦理——的独特作用，否则中国不可能产生全球公认的世界级企业家。2019年，腾讯公司首次提出“用户为本、科技向善”的核心价值观，“善”的概念第一次被写入中国企业的经营行为规范之中，这实在令人欣喜。我们的伦理界与企业界应联合起来，以白圭“商人四德”及亚当·斯密《道德情操论》为依托，主动承担起重建中国道德经济学的时代使命。

今天的中国正在全球倡导并践行“人类命运共同体”的新理念。中国的企业家，应在加油快跑中，继续厚德修身，才能不辜负这个伟大的时代与伟大的国家！我相信，白圭商圣的智慧将有助于中国的世界级企业家尽快登上世界经济大舞台。

02 财务领导力，CFO 职位的灵魂

什么是领导力

关于领导力的常见定义有以下三种：

定义一：领导力是一种特殊的人际影响力，是影响人们心甘情愿和满怀热情为实现组织目标而努力的艺术。

定义二：领导力是一种活力。一位领导者必须正直、诚实、顾及他人的感受，并且不把个人或小团体的利益和需要摆在一切衡量标准的首位，否则人们就不会追随他。

定义三：领导力是与他人一起实现某一愿景的过程中，充分利用人力和客观条件，提高团队办事效率的能力。它建立在团队成员之间更加个人化的关系基础之上，是与更个人化、更加信任与开放的文化紧密联系的一种模式。

前两种定义是基于个人英雄主义的“领导者—追随者”

型传统定义，是“各自管好自己一亩三分地”的分隔理念，非常适合工业经济标准化时代的组织管理。但第三种领导力的定义，则是一种基于集体价值观与信任合作关系的“领导者—领导者”型新定义，是“我们在同一条船上”的融合理念，它不是来自传统组织职位的领导力，但它将会成为后疫情时代的最佳领导力范式。

中国式领导力框架模型

中国式领导力是指愿意成就他人、组织，并对他人形成强大影响力与吸引力的“内圣外王”之道，主要包括执行力、人格力与决策力三个方面。

1. 执行力

执行力，即把一件事从头到尾高效率、低成本完成的闭环管理能力。执行力最重要的是经营机制设计，是善于建立精干高效的营运与管理系统，靠制度系统去管人而非靠人管人。现在很多领导者认为，凡事亲力亲为、越级插手下属事务就是执行力强的表现，这种理解是非常肤浅的。

2. 人格力

中国古代圣贤对如何做人有很多经典论述，孔子曰："仁义礼智信。"孙子曰："将者，智信仁勇严也。"孟子曰："居天下之广居，立天下之正位，行天下之大道。富贵不能淫，贫贱不能移，威武不能屈，此之谓大丈夫。"三位先贤都强调领导者必须在品行、学识与人格修养等方面成为部属的绝对榜样，不能说一套做一套。我认为领导力情商部分的人格特质可以归纳为以下四点：

（1）公正：能够客观公正地对待组织里的每一个人，不分亲疏贵贱，人人都是不可或缺的团队成员；要营造"良币驱逐劣币"的组织氛围，让优秀的人可以脱颖而出，溜须拍马者混不下去；优者上庸者下，在机会分配与激励政策等方面必须客观公正。

（2）尊重：重视人与人之间平等协作相互赋能关系的建设，善于凝心聚力打造相互尊重与彼此信任的团队；要对自己不喜欢或有缺点的人保持足够的尊重，员工受尊重时，就是资本；员工不受尊重时，就是成本。水低成海、人低成王，谦逊和影响力就是如此而来的。

（3）包容：俗话说，宰相肚里能撑船。没有宽广的胸怀就不能成为一个好的领导者。领导者的包容则意味着能采纳不同的意见，善于集思广益做出正确决策；不埋没一些有缺点的特殊人才，碰到问题时，不说员工无能的话，说员工无能的领导，一般都是平庸的领导；能包容员工在创新工作中无意犯下的错误。

（4）当责：领导者应当好“定海神针”，勇于承担重大的决策风险；用心培养能当责、能补位的后备人才团队，确保组织事业后继有人；要对国家诚信纳税、对合作伙伴不坑不欠、对员工谋好福利；对待违法违规行为，要敢于得罪人，要确保公司名誉利益不受伤害。

3. 决策力

领导者一定要善于吸取一线员工的智慧与经验，要让听得到炮火的人深度参与公司战略决策。美国 GE 公司 CEO 韦尔奇曾用群策群力的方法打遍天下无敌手。事关企业顶层设计方面的决策力，应包括以下四点内容：

①确立符合时代潮流与商业趋势的愿景与目标，立志成为一家满足客户需要且受人尊敬的优秀企业。

②定义与时俱进的核心价值观，对理想信念及核心价值观必须有宗教般的虔诚与坚守，永远坚持正心正道经营。

③制定正确的发展战略，懂得顺势而为与扬长避短，避免犯方向性错误。

④找准合适的商业模式，做一个优秀的产业链合作伙伴与行业价值贡献者。

财务领导力

大多数人眼中的CFO总是“钱大事小、账先人后、活多话少”的账房先生形象，习惯将其视为一个专业的管理专家，而非一个领导者，这真是天大的误会。如果把一家公司比作一个国家，CFO就如同国家财政部部长兼央行行长。CFO的财务领导力绝不是一个空泛的概念，它是该职位与团队的灵魂所在。

本节，我们依然从执行力、人格力及决策力三个方面来浅谈财务领导力。

1. 执行力

财务是一个既关心风险与回报，更在乎尊严与声望的职业，财务人面对开源节流类数据总有问不完的“天问”，而这正是体现组织执行力并确保绩效结果的关键。如广州视源电子科技股份有限公司长期奉行零应收营销策略，拥有强悍的执行力系统，因此该公司才成为拥有 500 亿元市值的行业王者。一般来说，公司级执行力系统至少包括：

①责权利一致的组织授权系统与经营管理机制；

②资源整合分配与绩效激励体系；

③资产运营分析与利益相关者沟通；

④信息披露管理与公司评级维护；

⑤流程内控与动态风险预警；

⑥国家政策洞察与高效研究运用。

2. 人格力

很少有人注意到，企业财务报表可以反映一家企业的企业文化与价值观。举例来说，有的企业认为自己非常重视员工培养，可一看企业的财务报表，几千人的企业，一年的培训费用还不到 10 万元。显然，这类企业的 CFO 与 CHO 肯定是不合格的，也没有任何人格魅力与个人影响力可言。CFO 的人格力至少包括：

①公平公正、言行一致；

②诚信自律、清正廉洁；

③以人为本、客户至上；

④善良大度、勇于担当。

3. 决策力

财务决策力是指企业战略财务方面的顶层设计，主要解决业财融合及目标达成问题。财务决策力至少包括以下几个方面的内容：

①公司战略与财务战略的高度匹配；

②经营目标分解与盈利模式设计；

③公司级决策机制与核心运营策略管控；

④资本结构与融资结构均衡管理；

⑤业务组合与风险预案管理；

⑥团队建设与领军人才培养。

03 财务人要学会计算的“七类账”

财务拥有丰富的本质特征，除平常传统的股东会计损益等小财务账之外，财务管理者还应学会计算以下“七类账”。

政治账：企业是国家的企业，理应坚决服务并服从于国家的发展战略，成为遵纪守法的模范企业。所有与国家战略、民族文化相违背的生意应坚决杜绝，违规违法的财务利润必须舍弃。

战略账：只计算短期且难以持续的盈利是生意，哪怕有丰厚的利润也可能是“毒利润”。追求长期可持续发展价值且短期有亏损的是事业，这样的亏损是有战略价值的“好亏损”。

文化账：用户至上、以人为本的文化是企业独特竞争优势的来源之一，属于企业最珍贵的无形资产。打造与顾客心灵同频共振且与员工心心相印的优秀企业文化需要持久的投入。

客户账：客户是企业的衣食父母，客户的满意与否至关重要。客户花钱购买企业的产品或服务，是基于对企业的信任与认可。企业销售代表既要追求企业价值最大化，也要确保客户每一分钱的效用最大化，这种互惠互利的生意或事业才可以持续发展下去。利润其实就是客户信任的符号，但很多企业很少计算客户账，把生意做成了一锤子买卖。

品牌账：品牌建设是一项打造口碑与企业无形资产的战略投资，用户心智占有率要先于产品服务市场占有率。品牌建设是一项必须持之以恒才会逐渐见效的长期投资，不能过于计较一季一年之绩效，也不能太在乎一城一项目之得失。

组织能力账：优秀人才及相应的组织能力是企业的核心资本，它是一项功在当下、利在未来的投资而非费用，财务人千万不要舍不得。

伙伴账：一花独放不是春，百花齐放春满园。企业不仅需要算好自己的盈亏账，同时也要照顾好合作伙伴的经济账，以及少数股东资本回报率指标的合理性。唯有这样，产业生态圈才能持续发展下去。

如果一家企业在上述的“七类账”方面都算得明明白白，那么其财务效益指标是可以保持在行业优秀水平之上的。

04 财务新世界面面观

财务的本质是什么？这是一个非常宏大的哲学命题，至今未有定论。我国一直习惯将财务与会计混为一谈，例如企业及一般组织内部都设有“财会部”，令很多人误认为，财务与会计是一回事。但事实上，财务是一种通识思维，而会计是一种专门职业。透过现象看本质，我们可以从以下几个不同视角来了解财务的本质特征。

财务是哲学：它是收益与风险的二元均衡，始终追求收入覆盖成本、得到弥补付出、投入小于产出的价值目标。

财务是科学：它就像一个仪表盘，提供了企业在不确定性环境中的确定性度量标准与把控尺度，能较好地保护企业的可持续发展，有助于企业了解自身当下的真实状况，并做出及时灵活的应对。企业财报已成为解读企业经营智慧的标准财富密码，企业财务工具可以帮我们看穿报表数字后面的欺诈把戏。财务信息是剧变市场环境中的理性与常识，能在决策者犯糊涂的关键时刻，给予警示与救助。

财务是艺术：不同的人处理同一件事获得相同的结果，可谓科学；不同的人处理同一件事获得不同的结果，可谓艺术。在合法合理的前提下，允许不同主体对同一会计事项有不同的判断分析与处理方法，即财务的艺术。只要把握好“不伤”原则及法规的“度”，财务是可以具有一定的灵活性与创造性的。

财务是生活：“人为财死，鸟为食亡”“天下熙熙皆为利来，天下攘攘皆为利往”“仓廪实而知礼节，衣食足而知荣辱”。三句古话道尽了天下苍生为了各自利益终生劳苦奔波、乐此不疲的实质。生活的背后是财务，财务的背后是利益与财富。财务构成了国家、家庭和个人幸福生活的核心基础，催生了千百年来以财富为主题的人间悲喜大剧。

财务是文化：通俗地讲，文化是一种习惯，是日常生活的言谈举止，是一种判定是非对错的价值观。财务文化可从三个方面来理解：首先，它是国家文化层面的“和而不同，和气生财，家和万事兴”；其次，它是企业层面的“诚实守信，义利兼顾及用户是衣食父母”；最后，它是个人层面的“君子爱财取之有道，先利他后利己”。

财务是一种思维：财务是一种通识思维，而不是一种职业，它是组织或个人财商素质的一种衡量维度。财务思维包括投入产出思维、资源效率和效益思维、收益风险均衡思维、杠杆经营思维、利他利己思维、义利统一思维、诚信守约思维、利润现金流思维等。一些人之所以能成为名商巨贾，富甲天下，是因为他们融会贯通了上述思维，而普通人则缺乏这样的思维格局，因此难以实现自己的“财富梦”。

后记 Afterword

2022年1月17日，叶开及胡利华两位好友来家中看望我，我们一起讨论正在构思的财商公益教育项目。茶聚畅聊中，我谈了近3年在业财融合领域的部分感悟与心得体会，两位好友认为内容很有趣，且与我们未来的合作方向相契合。叶开建议我尽快将其整理出来，恰巧出版社也很喜欢这一类型的图书，才有了各位现在所看到的这本《为价值而生——决策者财务新思维》。

坦率地说，我是一个天资鲁钝、才疏学浅的人，但还算是一位比较勤奋敬业且喜爱钻研问题的职业经理人。本书不是一部研究性的学术著作，更不是一本工作总结与案例分析的汇编集。基于孔圣人“博学而笃志，切问而近思”的教诲，本书是我从企业整体业务视角对经营管理底层逻辑及业财融合实践、反省后的心得体会集。书中的观点未必都是原创，但我希望本书道出了大部分中国 CEO、CFO 想说但不方便说的话。借此机会，我要对本书写作出版过程中给予鼎力支持的各位良师益友致以最诚挚的感谢：

首先，我要感谢出现在我 30 年金融财务职业生涯中的各位东家领导及战友们，我会永远记住那些愉快的相处时光及感人的故事，珍藏好那份无比珍贵的体验。我是特别幸运的一个人，我的每一段职业生涯都遇到了对我特别好的领导与战友，他们总是给我信任与鼓励，给我机会与舞台，给我鞭策与荣誉，让我成为更好的职业人，并拥有丰厚无悔的人生，他们是我生命中的贵人。由于深恐拙作水平肤浅，因而不敢在本书中一一提及他们，以免有借其崇高威望与商誉，行背书增信与营销推广之嫌。只想借此机会，祝愿各位老东家及战友们的明天会更好！

其次，我要特别感谢三位卓越的企业家朋友，他们的信任鼓励与欣赏认可是我出书的动力之一。他们分别是：超爱学习的树根互联公司梁在中董事长，3 年前邀请我为公司执委会团队分享交流书中的大部分内容，去年 8 月，梁董再次邀请我为他们中高层团队做分享，让我感受到工业互联网企业对“业财融合”理念的认同与渴望；红蜻蜓集团的钱金波董事长曾热情邀请我为公司董监高团队作了有关本书内容的简要专题报告，我们二人每次相聚时总是有聊不完的话题，睿智的钱董让我明白，财务部门应该在公司顶层设计与关键决策方面有更大的作为；作为中国财务软件行业的首席领军人物，金蝶国际软件集团董事会主席兼 CEO 徐少春先生，曾多次邀请我参加他们主办的“中国 CFO50 人论坛”“财务管理新世界研讨会”，以及他们公司的年会，徐董的信任与尊重激发了我对业财融合新世界的浓厚研究兴趣。

此外，我要特别感谢 5 位声望卓著的经济学家及财经专家：上海国家会计学院原院长、现任东盟与中日韩宏观经济研究办公室（AMRO）主任李扣庆教授和上海国家会计学院白晓红副院长，他们曾多次邀请我为财政部财会领军人才班及 CFO 大讲堂做本书内容的分享，白院长还特聘我为领军人才班专业导师，这份令我感动的信任至今难忘；长江商学院学术副院长王一江教授，我有幸多次得到他的特别指导，结识亦师亦友的一江教授是我一生的幸运，他的视野与哲思常令我叹服，他是名师更是明师；中欧国际工商学院许定波教授是我最喜欢的 EMBA 导师之一，也是全球知名管理会计学教授，他是带我进入管理会计研究领域，且给予我很多教诲、关心与帮助的引路人，而我也是他的铁杆粉丝；广东财经大学原校长王华教授，是一位我非常敬重的中国财经学界的名师大家，我们二人曾多次探讨交流与本书部分内容相关的话题，他的前瞻远见、谦虚宽厚与温文尔雅常令我着迷与沉醉。

除上述几位，我还要特别感谢6位志同道合的学友和2位编辑老师：叶开先生（《粉丝经济》作者，中国互联网生态经济领域的专家，本书的首席总策划及出版代理人）、杜娟女士、于春玲女士、胡利华先生、黎健女士、韩芳女士。他们深度参与了本书部分章节内容的讨论修改，他们的真知灼见给了我很多启迪。赵静宜、王骏雄两位编辑老师是本书的助产士。新冠疫情期间，他们不辞辛苦地审阅书稿，他们独到的见解、严谨的文风、认真的品格令我十分感动。

再次，我要特别感谢给本书热情作序的各位良师益友，他们是我人生成长路上的导师与伙伴，我从他们身上学到并收获了很多，我会好好珍藏那些源于他们的精彩往事与温暖记忆。当然，还要特别感谢本书的各位读者朋友，本书因你们而存在，因有益于你们而更有价值。这里我要特别提醒的是，本书内容只是我个人的一家之言、一孔之见，读者朋友请务必有选择地借鉴参考。真理是越辩越明的，期待今后有机会与各位读者朋友煮茶论道、明理言欢。

最后，我要特别感谢我的家人，没有他们的理解与信任、付出与奉献，就不可能有本书。尤其是太太赵艺新女士，本书的初稿都是她利用业余时间帮我修改、校对、排版，她也是本书的第一读者。我想做的事情，其实远远没有她自己的工作重要，但只要我喜欢做的事，她总是优先支持、全力配合。对太太的感激，我无以言表，一切尽在不言中。

黄旭斌

2023年1月1日